4차 산업혁명 액션 가이드 ①

경영자가 알아야 할 4차 산업혁명 기업 전략

4차 산업혁명 액션 가이드 ①

경영자가 알아야 할
4차 산업혁명 기업 전략

2017년 9월 30일 1판 1쇄 인쇄
2017년 10월 10일 1판 1쇄 발행

지은이 | 임일
펴낸이 | 이병일
펴낸곳 | **더메이커**
전   화 | 031-973-8302
팩   스 | 0504-178-8302
이메일 | tmakerpub@hanmail.net
등   록 | 제 2015-000148호(2015년 7월 15일)

ISBN | 979-11-955949-15-9 (03320)
ⓒ 임일, 2017

이 도서의 국립중앙도서관 출판예정도서목록(CIP)은 서지정보유통지원시스템 홈페이지
(http://seoji.nl.go.kr)와 국가자료공동목록시스템(http://www.nl.go.kr/kolisnet)에서
이용하실 수 있습니다. (CIP제어번호: CIP2017023040)

4차 산업혁명
액션 가이드 ❶

경영자가 알아야 할
4차 산업혁명
기업 전략

임일 지음

더메이커

4차 산업혁명
시대의 기업 전략은 무엇인가

최근 4차 산업혁명이 큰 화두이다. 기업들은 인공지능을 사용한 신제품을 개발했다고 앞다퉈 발표하고 있고, 정부에서도 4차 산업혁명 관련 기술에 많은 자금을 지원할 것이라고 발표하고 있다. 4차 산업혁명에 대한 책과 언론보도 역시 쏟아져 나오고 있다.

이런 정보를 통해서 사람들은 이제 4차 산업혁명의 의미에 대해서는 대체로 이해하고 있는 것 같다. 그런데 4차 산업혁명이 우리 생활과 비즈니스에 미칠 영향에 대해서는 사람이나 연구 기관에 따라서 예측이 매우 다양한 것 같다. 예를 들어서 20~30년 후에 대부분의 일을 로봇과 AI가 대체할 것이라는 식의 예측을 많이 하는데, 과연 이것이 맞을지 틀릴지는 놔두고라도 그렇게 예측하는 기준을 설득력 있게 제시하지는 못하고 있다. 게다가 앞으로 기업이나 개인이 어떻게 대처해야 하는가의 문제에 이르면

더더욱 혼란스러워진다.

이런 가운데 산업 현장에서는 4차 산업혁명으로 경제와 산업에 많은 변화가 있을 것이라고 예상하면서, 그렇다면 산업별로 그 영향은 어떻게 다를지, 그에 대비해서 기업은 어떤 전략을 수립해야 하는지 등의 정보에 대해서 목말라 하고 있는 형편이다.

이 책에서는 4차 산업혁명이란 무엇인지 그 본질에 대해서 먼저 정리해 보고, 이를 바탕으로 4차 산업혁명을 이끄는 각 기술 분야별로 어떤 비즈니스 전략이 가능하고, 상황에 따라 어떤 전략을 구사해야 하는지 이야기하고자 한다.

이 책은 4차 산업혁명이 어떻게 진전되고 어떤 변화를 가져올지에 대해 정확히 맞추는 예언서가 아니다. 그보다는 4차 산업혁명이 가져오는 변화의 근본 원인은 무엇이고, 앞으로 가능한 시나리오는 어떤 것이 있으며, 이에 대한 기업의 대응은 어떤 것이 가능한지에 대한 전체적인 생각의 틀을 갖추는 데 도움을 주는 것이 목적이다.

끝으로 이 책의 일부 내용은 필자가 휴넷에서 강의하고, 2017년 3월에서 8월까지 DBR(동아비즈니스리뷰)에 연재한 내용을 수정, 보완한 것임을 밝힌다.

차 례

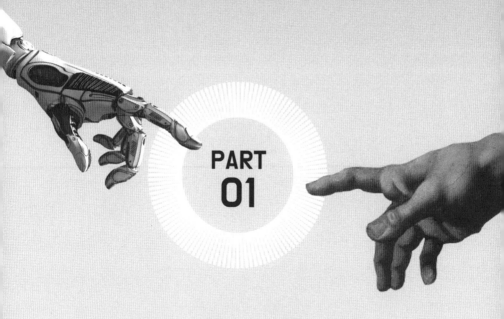

PART
01

4차 산업혁명의
본질과 전략의 변화

4차 산업혁명의
본질은 무엇인가

사람마다 4차 산업혁명이 무엇인가에 대한 설명은 다르지만, 4차 산업혁명이 정보기술(IT)과 다른 기술의 결합이라는 것만큼은 의견일치를 보인다. 예를 들어 인공지능이라는 IT와 자동차라는 기계 기술이 결합하여 탄생한 것이 자율주행자동차이고, 정보처리를 위한 IT와 제조기술이 결합한 것이 인더스트리 4.0이라고 말한다.

과거에도 서로 다른 기술이 결합한 경우는 상당히 많았다. 신소재 기술이 탄생시킨 탄소섬유, 자동차와 같은 기계기술에 사용

경영자가 알아야 할
4차 산업혁명 기업 전략

되는 합금, 다양한 화학기술을 결합하여 만든 전자 제품의 디스플레이나 부품 등이 그 예이다.

그런데 왜 유독 IT와 다른 기술의 결합은 4차 산업혁명이라는 이름까지 붙일 정도로 큰 변화를 가져온다고 예상하는 것일까? 가장 중요한 이유는 발전 속도가 매우 빠른 IT기술이 다른 분야의 기술과 결합하면서 해당 분야에까지 빠른 변화를 만들어 내기 때문이다. 이러한 빠르고 큰 변화 때문에 증기기관이 가져온 1차 산업혁명, 대량생산 기술이 가져온 2차 산업혁명, 컴퓨터로 인해 생긴 정보화를 말하는 3차 산업혁명에 이어서 4차 산업혁명이라는 이름을 사용하는 것이다.

어떤 사람들은 IT가 가져온 정보화 혁명은 이미 3차 산업혁명에서 예상한 것이었고, 지금은 예상했던 변화가 현실화되는 것뿐이므로 '4차'라는 말은 적합하지 않고 '3차'를 계속 사용하던지 '3.5차'가 더 적절하다고 주장하기도 한다. 필자는 3차냐 4차냐하는 용어 논쟁은 중요하지 않다고 생각한다. 현재 큰 변화가 일어나고 있고 그 속도가 가속화되고 있는데, 이런 변화를 가리킬 용어가 필요해서 '4차 산업혁명'이라는 용어가 선택되었다고 생각하면 충분할 것이다.

4차 산업혁명은 기업 전략을
어떻게 바꿀까?

4차 산업혁명은 IT와 다른 기술이 결합하는 것이라고 하였다. IT 가 다른 기술과 결합하는 경우 비즈니스 전략은 어떻게 바뀔까? 이전에도 IT(온라인)가 오프라인의 다른 기술이나 비즈니스와 결합하는 경우가 종종 있었다. 예를 들어서 오프라인의 백화점이 온라인에 매장을 여는 경우나 항공사가 항공 운송서비스를 비행기 티켓이라는 형태로 온라인에서 판매하는 경우, 혹은 종이책이 전자책으로 형태를 바꿔 판매되는 것 등이 그것이다. 이러한 경우는 순수한 오프라인이나 온라인 비즈니스보다 전략적으로 더 복잡하게 된다.

온라인과 오프라인의 전략이 충돌하는 예를 한번 보자. 오프라인에서는 성공적인 백화점이나 마트가 온라인에서는 대체로 성공하지 못하는 이유는 무엇일까? 오프라인의 백화점이나 마트는 고급화, 혹은 원가우위를 주요 전략으로 삼고 있다. 물론 온라인에서도 원가가 낮거나 고급화로 차별하는 것이 전략적 강점이 있기는 하지만, 온라인에서는 추가적인 고려 요소가 있다. 온라인에서는 제품의 비교, 검색과 같은 정보처리가 쉬우므로 판매자나 판매 제품의 종류가 늘어나면 구매자가 느끼는 가치도 따라서 커진다. 이에 비해 오프라인에서는 매장 공간의 한계로 인해 판매물품의 종류를 무한정 늘리지 못한다. 또한, 구매자가 걸어 다니면서 비교하기 때문에 물품의 종류가 너무 많으면 오히려 좋지 않다. 온라인에서는 디지털 정보의 특성상 제품 종류와 판매자가 늘어나도 비용이 늘어나지 않기 때문에 판매자와 제품 종류가 많을수록 구매자가 느끼는 가치가 커진다. 이에 비해 오프라인에서는 물리적인 한계 때문에 제품의 수를 지나치게 늘리면 가치의 증가보다 비용의 증가가 더 크기 때문에 선택의 다양성보다는 차별화나 원가우위 전략을 사용하게 된다. 다시 말해, 온라인의 유통과 오프라인의 유통은 그 근본 작동 메커니즘이 다른 것이다.

백화점이나 마트는 온라인에서도 오프라인과 비슷한 전략을 구사하려는 경향이 있다. 즉, 온라인에서도 취급하는 제품의 종류를 늘리거나 외부의 판매자를 끌어들여 판매하는 것에 적극적이지 않다. 그 이유는 이렇게 하다가 품질관리가 안 되거나 가격 통제가 되지 않으면, 오프라인의 백화점이나 마트의 경쟁전략인 차별화 혹은 원가우위 전략과 맞지 않게 되기 때문이다. 그러다 보니 백화점이나 마트의 온라인 사이트에서 취급하는 제품의 종류와 경쟁 온라인 쇼핑몰에서 취급하는 제품의 종류에서 큰 차이가 있게 된다. 오프라인의 백화점이나 마트가 온라인으로 진출하면서 이렇게 다른 성질을 가진 두 시장을 하나의 전략과 정책으로 대응하다 보니, 한쪽에서는 제대로 성공하기 어렵게 되는 것이다. 그래서 최근에는 이런 문제를 해결하기 위해서 온라인과 오프라인의 비즈니스를 분리하거나 별도의 사이트를 만드는 경우가 늘어나고 있다.

백화점, 마트의 예는 IT가 다른 분야에 적용되는 경우에 전략이 바뀌어야 함을 잘 보여준다. 4차 산업혁명에 따라 IT가 다른 분야의 기술과 결합이 더 진전될수록 전략적인 변화가 더 커질 것으로 예상할 수 있다. 4차 산업혁명의 전략적인 변화를 이해하기 위해서는 IT와 다른 기술의 특성을 잘 이해할 필요가 있다. 아래에서 IT와 다른 기술의 근본적인 성질을 나타내는 '가상성'과 '물리성'의 개념에 관해서 설명하기로 한다.

정보기술과 다른 기술의 차이 – 가상성과 물리성[1]

4차 산업혁명에 대한 이야기는 전부터 있었지만 4차 산업혁명에 대한 관심이 급격히 커지게 된 계기는 2016년 다보스포럼에서 4차

---

1) 가상성과 물리성에 대한 더 자세한 내용은 임일, 《4차 산업혁명 인사이트》, 더 메이커, 2016 참조

산업혁명을 중요한 화두로 던지면서부터이다.[2] 2016 다보스 포럼에서는 4차 산업혁명을 이끄는 주요 기술로서 인공지능, 3D프린터, AR/VR, 자율주행차, 사물인터넷(IoT), 차세대 에너지원, 바이오 등을 선정하였다. 이들 기술 중에는 인공지능과 같이 정보기술의 성격이 강한 기술도 있고, 차세대 에너지와 같이 정보기술과 큰 관련 없는 기술도 있다. 그러나 정도의 차이는 있지만, 대부분 기술이 정보기술과 다른 기술의 결합이라는 것을 알 수 있다.

정보기술은 다른 기술과 어떻게 다른가? 정보기술은 기본적으로 눈에 보이지 않는 정보를 다루는 기술인 데 비해 기계나 화학, 에너지와 같은 기술은 물리적인 제품이나 물체를 다루는 기술이다. 위에서 언급된 주요기술 중에 바이오는 성격이 좀 다른 기술이기는 하지만 이것도 기본적으로는 물리적인 것을 대상으로 하는 기술이라고 할 수 있다. 눈에 보이지 않는 정보를 다루는 정보기술과 물리적인 실체가 있는 것을 다루는 기술 사이에는 커다란 차이가 있는데, 이것을 가상성(virtualness)과 물리성(physicalness)이라는 말로 표현할 수 있다.

---

2) 전승민, "4차 산업혁명에 대비하는 우리의 자세", 동아일보, 2017년

가상성의 특징

우리는 디지털로 표시되는 정보[3]가 눈에 보이지도 않고 손으로 만질 수도 없다는 것을 잘 알고 있다. 이런 정보를 저장하고 처리하기 위해 D램과 같은 반도체나 하드디스크 같은 매체(media)를 사용한다. 이들 매체가 바뀐다고 해서, 예를 들어 정보를 저장하는 매체가 반도체에서 마그네틱테이프로 바뀐다고 해서, 정보 자체가 바뀌는 것은 아니다. 정보는 이와 같은 가상의 재화라는 성질을 갖는데 이것을 가상성이라고 말할 수 있다.

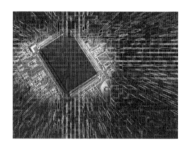

일단 정보가 매체에 실리면 이를 컴퓨터가 읽어서 처리할 수 있다. 정보처리를 위해 필요한 에너지의 양은 계속 감소하고 정보처리의 속도는 계속 증가해 왔다. 이런 현상을 지적한 것이 유명한 무어의 법칙(Moore's Law)과 황의 법칙(Hwang's Law)이다. 이에 따라 우리가 사용할 수 있는 정보의 양(처리속도나 저장용량)이 급속하게 늘어난다는 것이 가상성

---

3) 정보에는 아날로그(analog) 정보도 있으며 아날로그 정보는 디지털 정보와는 성격이 많이 다르다. 그렇지만 현재 대부분의 정보가 디지털이므로 디지털 정보를 기준으로 설명한다.

을 갖는 정보의 특징 중 하나이다.

정보의 또 다른 특징 중의 하나는 사용 가능한 정보의 양이 늘어나면 사람들이 그만큼 사용한다는 것이다. 예를 하나 들어보자. 과거에 사진은 귀한 자원이었다. 옛날에 필름 카메라를 사용할 때는 필름 한 통에 24~36장의 사진밖에 찍을 수 없었기에 아껴서 사진을 찍었다. 디지털카메라가 등장해서 널리 사용되면서 요즘은 수첩이나 종이에 메모하는 사람을 찾기 힘들다. 하루에 많게는 수백 장씩 사진을 찍어서 메모를 대신하기 때문이다. 네트워크도 마찬가지이다. 인터넷 속도가 1M bps 이하일 때에는 속도가 1G bps가 되면 다 사용하지 못할 것 같았지만, 1G bps가 보통의 속도가 된 지금은 고화질 비디오 등을 보거나 다운받는데 사용하기 때문에 남는다는 생각이 별로 들지 않는다.

가상성의 또 다른 특징은 다양한 정보가 결합하면 가치가 올라간다는 것이다. 예를 들어 사진과 함께 사진을 찍은 정확한 위치와 상황에 대한 태그를 추가하면 나중에 사진을 정리하거나 필요한 사진을 찾을 때 큰 도움을 받을 수 있다.

가상성의 특성으로 인해서 가상의 재화인 정보는 앞으로도 상당기간은 사용가능한 용량이 많이 늘어나고 더 복잡한 처리가 가능해 질 것이다. 뒤집어 얘기하면 정보처리 비용과 저장비용은 계속 감소할 것이라는 의미가 된다. 그리고 한 번 생산된 정보는 복제와 운반에 드는 비용이 거의 0인 관계로 무수히 많은 곳에서 다양하게 사용될 수 있다. 그리고 다른 정보와의 결합을 통해서 더 큰 가치를 만들어 내기도 할 것이다. 즉, 가상성을 가지는 재화는 일단 만들어지면 그다음부터는 무한한 확대재생산(scaling up)이 가능하다.

요약하자면, IT가 다루는 정보의 성격은 가상성이라는 말로 표현할 수 있다. 가상성의 특징은 처리와 저장비용이 0에 수렴하고, 이러한 비용의 감소에 따라 정보의 사용량이 늘어나며, 다양한 정보가 결합할수록 가치가 커지고, 일단 만들어진 정보를 복제하거나 운송하는데도 비용이 거의 0이라는 점이다.

물리성의 특징

물리적인 성질을 갖는 물건이나 제품은 처리(이동하거나 변형)하는데 에너지(혹은 비용)가 들어간다. 아무리 가볍고 작은 물체라고 하더라도 모양을 바꾸거나 우리가 원하는 형태로 정리하는 데에는 에너지와 비용이 들어간다.

위에서 얘기했듯이 정보도 처리하는 데에 전기와 같은 에너지가 들어간다. 그런데 물리적인 물체의 처리와 정보의 처리에는 커다란 차이점이 존재한다. 그것은 정보 처리비용은 계속 줄어들지만 물리적인 물체의 처리 비용은 그렇지 않다는 것이다. 왜 그런지 생각해 보자. 정보는 처리(변형, 이동)되기 위해서 물리적인 매체(메모리, 하드디스크 등)에 실려서 처리되기는 하지만, 정보자체는 물리적인 것이 아니라는 것이 그 이유이다. 정보를 어떤 종류의 매체에 실어서 처리하든지 그것은 동일한 정보이며, 정보 자체가 가치가 있는 것이지 물리적인 매체가 가치가 있는 것이 아니다. 정보를 표현하는 매체는 무엇이 되든지 상관없으므로 처리비용을 획기적으로 줄일 수 있는 새로운 매체가 개발되기도 하고, 반도체와 같은 기존의 매체가 계속 집적도를 올리면서 처리에 필요한 에너지를 줄일 수 있다는 것이 정보가 다른 물리적인 재화와 다른 점이다.

물리적인 재화는 물체 자체가 가치 있는 존재이다. 예를 들어 의자는 그 자체가 물리적인 물체이면서 동시에 가치를 갖는다. 의자는 정보를 표현하는 매체가 아니고 의자의 물리적인 속성(적절한 크기와 강도를 가지고 사람이 사용할 수 있는)이 가치를 갖는다. 물론 의자도 소재나 디자인을 바꾸면 생산이나 처리가 더 쉬워질 수 있겠지만, 여전히 의자는 어떤 규격이나 강도와 같은 특정한 물리적인 특성을 만족하게 해야 가치를 갖는다. 그러므로 의자와 같은 물리적인 재화는 처리비용을 획기적으로 줄이거나 저장 공간을 무한정 줄이는 것이 불가능하다.

정리하자면, 물리적인 재화는 물리적인 속성이 가치를 갖기 때문에 처리 비용을 획기적으로 줄일 수 없고, 이동이나 복제 비용도 큰 변동이 없으며, 저장 공간을 줄이는 것도 불가능하다. 또한, 가격이 싸진다고 해도 수요가 무한히 늘어나지는 않으며, 결합한다고 가치가 올라가는 것도 아니다.

가상성과 물리성의 차이

	물리성	가상성
가치의 원천	물리적인 물품 자체	물리적인 매체에 실려 있는 가상의 정보
처리비용	양에 비례하고 변동이 적다	0에 수렴한다
저장비용	양에 비례하고 변동이 적다	0에 수렴한다
수요	양이 크게 늘어나도 다 사용하기 어렵다	양이 늘어나면서 새로운 수요가 만들어 진다
결합	결합이 가능하지만 한계가 있다	결합의 가능성이 무한하며 결합하면 새로운 가치가 만들어 진다

(출처: 임일, 《4차 산업혁명 인사이트》, 더메이커, 2016)

가상성과 물리성의 관점에서 4차 산업혁명을 보자

어떤 면에서는 4차 산업혁명은 가상성을 갖는 정보기술과 물리성을 갖는 다른 기술의 결합이라고 할 수 있다. 이와 같은 이질적인 기술이 결합하면서 성격이 비슷한 기술이 결합할 때와는 차원이 다른 혁신과 변화가 일어나고 있다. 예를 들어 자율주행차를 생각해 보자. 아주 오래전부터 스스로 운전하는 자동차를 만드는 것은 많은 사람의 꿈이었다. 수많은 시도가 이루어졌지만 모두 실패했는데, 가장 큰 이유는 너무 복잡했기 때문이다. 과거에는 기계적인 장치로 자동운전을 구현하려 했다. 예를 들어 장애물을 인식하면 이를 피해서 갈 수 있는 기계장치를 만들려고 하였다. 기계적인 장치로도 간단한 자동화는 물론 가능하다. 다리미 자동 온도조절 장치라든지 음악을 자동으로 연주하는 오르골 등은 순수한 물리적인 장치로써 자동으로 어떤 일을 해주는 기계이다. 그렇지만 해야 하는 일의 복잡성이 커지면 물리적인 장치는 그 물리성 때문에, 다시 말해 물리적인 제약(구조나 제작비용 등) 때문에 구현할 수 없다. 그래서 기계장치만으로는 복잡한 도로상의 다양한 경우의 수를 처리할 수 있는 차를 만드는 것은 불가능했다.

그렇지만 여기에 정보기술이 들어오면 이야기가 달라진다. 일단 현실이 정보화(가상화)되면, 즉 다양한 상태에 대한 정보가 센서를 통해서 디지털 정보로 바뀌면, 이 정보의 처리는 비용이 거의 0이다. 스스로 운전하는 차를 만들려고 하던 초기에도 정보기술을 사용할 수 있었겠지만 그 당시의 정보기술은 처리비용이 지금보다 매우 컸기 때문에 엄청난 비용이 들었을 것이다. 시간이 흐르면서 기계기술에 적용되는 물리적 제약은 그때나 지금이나 마찬가지이지만 정보기술은 위에서 설명한 가상성의 특징으로 인해 처리 속도나 처리용량이 기하급수적으로 증가해서 이제는 자율주행차를 위한 복잡한 정보처리도 적절한 비용으로 충분히 감당할 수 있게 된 것이다.

정보기술이 물리적인 법칙 자체를 바꾸지는 못한다. 예를 들어 아무리 정보기술이 발전해도 물리적인 자동차 엔진의 출력을 높이는 데에는 별 소용이 없을 것이다. 그렇지만 정보기술이 자동차 기술과 결합하면 자율주행차와 같은 혁신이 가능하며, 이것은 다른 분야도 마찬가지이다. 4차 산업혁명에서 정보기술과 다른 기술이 결합하면서 지금까지와 차원이 다른 변화를 가져오는 근본적인 이유는 가상성의 특징으로 인해서 기하급수적으로 발전해 온 정보기술이 다른 기술과 결합하면서 과거에는 불가능했던 다양한 것을 가능케 하고 있기 때문이다.

정보기술과 물리적인 기술이 결합하면서 비즈니스 측면에서 커다란 변화가 하나 생겼다. 그것은 과거의 전략이 잘 통하지 않게 되었다는 점이다. 온라인은 가상성이 강한 세상임을 우리는 잘 안다. 인터넷이 등장하면서 온라인이 일반화되고 물리적인 세상(오프라인)과는 매우 다른 온라인의 특성으로 인해서 온라인의 비즈니스 전략이 오프라인과는 매우 다르게 전개되는 것을 우리는 목격해 왔다. 네이버, 구글, 아마존, 페이스북과 같은 온라인 기업들은 오프라인 기업과는 매우 다른 전략을 사용해서 성공했는데, 그들의 전략은 많은 부분 가상성의 특징을 활용한 것이다.

그동안은 온라인에서는 온라인 전략, 오프라인에서는 오프라인 전략을 상당히 뚜렷하게 구분하여 사용해 왔다. 그런데 4차 산업혁명이 진전되면서 더 많은 분야에서 가상의 정보와 물리적인 제품이 결합하고 있고 앞으로 그 정도가 더 심해질 것이다. 그에 따라 기업의 전략도 당연히 바뀌어야 할 것이다. 이때, 온라인과 오프라인 전략을 혼합해야 할지, 시장에 따라 번갈아 가면서 사용해야 할지 아직은 명확하지 않은 것이 사실이다.

예를 들어 우버, 카카오 택시, 에어비앤비와 같이 온라인과 오프라인을 결합하는 O2O(online-to-offline) 비즈니스를 생각해 보자. 이들 회사는 온라인 회사로서 온라인 전략을 구사해야 하는가? 아니면 오프라인 전략을 구사해야 하는가? 매우 어려우면서도 흥미 있는 질문이라 할 수 있다. 다음 장에서 이에 대해 얘기를 해 보고자 한다.

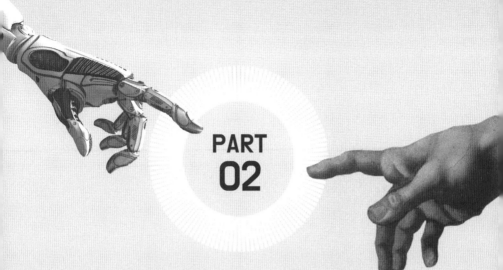

PART
02

4차 산업혁명의
비즈니스 전략 개요

많은 경영자가 4차 산업혁명과 관련한 비즈니스 전략에 대해서 궁금해하는 것 같다. 다양한 질문이 있지만 정리해 보면 크게 두 가지이다.

　– 4차 산업혁명이 진행되면 기존 기업의 비즈니스 전략
　　은 어떻게 달라져야 하는가?
　– 4차 산업혁명으로 인해 새롭게 등장하는 비즈니스에는
　　어떤 전략이 적합할까?

4차 산업혁명은 워낙 넓은 분야에 걸쳐서 이루어지는 것이기 때문에 전략적 방향이 매우 다양하다. 또한, 산업 여건과 개별 기업의 환경에 따라 적합한 전략이 다르므로 위의 질문에 대한 답은 산업과 기업의 특성에 따라 매우 다른 것이 나올 것이다. 4차 산업의 특성인 정보기술(가상성)과 다양한 다른 기술(물리성)의 결합으로 나타나는 전략을 알아보기 위해서는

가상성이 지배하는 경우의 전략과 물리성이 지배하는 경우의 전략을 대조해서 그 특징을 알아볼 필요가 있다. 이번 장에서는 전통적인 오프라인 환경(물리성이 지배하는)에서의 전략과 온라인 환경(가상성이 지배하는)에서의 전략에 대해서 알아보기로 한다.

물리성의
비즈니스 전략

전통적인 비즈니스는 대부분 오프라인, 즉 물리적인 세상에서 이루어진다. 대표적으로 물건을 만드는 제조업과 호텔과 같이 인력 위주의 서비스업이 여기에 해당한다고 할 수 있다. 전통적인 비즈니스의 경우 기업이 일반적으로 사용하는 전략은 크게 세 가지를 들 수 있다. 원가우위(cost leadership), 차별화(differentiation), 틈새시장(niche market) 전략이 그것이다. 이 전략은 너무나 잘 알려진 것이기 때문에 일반적인 설명은 하지 않고 앞서 설명했던 가상성과 물리성의 관점에서 설명해 보기로 한다.

제조업에서 생산하는 대부분 제품의 가치는 규격, 강도, 내구성이나 디자인과 같은 그 제품의 물리적인 특성에 의해서 결정된다. 제조업에서 원가우위 전략을 구사하려면 같은 제품을 경쟁자보다 낮은 원가로 생산하는 것이 가능해야 한다. 물리적인 제품의 경우는 앞서 설명한 물리성 때문에 하나를 생산하는데 반드시 변동비가 들어간다. 기술이 발전하면서 전반적으로 비용이 내려가기는 하지만, 앞서 설명했듯이 물리적인 제품은 기본적으로 변동비를 없애기 어렵다. 그렇다면 비슷한 생산기술로 원가우위를 확보하기 위한 좋은 방법은 원재료나 노동력을 싼 가격에 조달하거나, 생산단위를 크게 해서 규모의 경제(economies of scale)를 이루는 것이다. 규모의 경제는 생산과정이 복잡한 항공기, 자동차산업이나 장치산업의 성격이 강한 철강, 정유 등에서 강하게 나타나지만 일반적인 조립, 제조 공정에서도 나타난다. 규모의 경제를 가진 경우에는 단위 변동비(단가)가 낮으므로 원가우위 전략을 실행하기가 수월하다.

차별화 전략은 품질이나 기능에 대해 적용할 수도 있고 제품/브랜드 이미지에 대해서 할 수도 있다. 이 중에서도 품질이나 기능에 대한 차별화에는 물리적으로 특별한 변형이 필요하다. 예를 들어 더 좋은 재료를 사용해서 차별화하는 경우에는 물리적인 재료를 바꿔야 한다. 그리고 차별화된 기능을 추가하기 위해서는 그 기능을 구현하도록 제품의 물리적인 구조와 생산 공정을 바꿔야 한다. 즉, 물리적인 제품에 차별화를 수행하려면 비용이 수반

된다. 어떤 차별화가 가치를 가지려면 차별화에 들어가는 비용에 비해 차별화에 의해서 고객이 느끼는 추가 가치가 더 커야 한다. 물리적인 제품의 경우에는 물리성의 성격상 차별화를 위해 상당한 추가 비용이 발생하기 때문에 수많은 차별화 방법 중에서 그 비용을 충분히 상쇄하는 것으로 제한할 수밖에 없다.

틈새시장 전략은 독특한 니즈를 가진 상대적으로 작은 규모의 시장이 존재할 때 사용할 수 있는 전략이다. 어떤 기업이 독특한 고객의 니즈를 잘 충족시키는 제품을 해당 시장에 공급하면 그 시장에서는 독점적 지위를 누리면서 경쟁우위를 누릴 수 있다. 오토바이 시장에서 할리데이비슨과 같은 고가의 대형 오토바이를 구매하는 고객이 틈새시장의 한 예이다. 그러나 오프라인에서는 틈새시장 전략에 몇 가지 제약이 존재한다. 첫째, 고객이 어떤 니즈를 가졌는지 알아내기가 쉽지 않다. 고객 또한 어떤 기업이 자신의 독특한 니즈를 충족해줄 수 있는지 알기 어려운 경우가 많다. 즉, 매칭의 문제가 있다. 두 번째, 설사 고객의 독특한 니즈를 알아내고 그런 고객을 찾을 수 있다고 하더라도 물리적인 제품의 특성상 무수한 고객의 니즈를 다 충족시켜 줄 수는 없다. 예를 들어 자동차의 경우 고객의 니즈는 매우 다양한데 이 니즈를 충족시킬 수 있는 다양한 자동차를 만드는 것은 공학적으로 불가능하거나, 비용상의 문제로 인해 어렵다. 다시 말해서 물리적인 제품은 가공, 변형에 따른 물리적 제약이 크기 때문에 다양한 고객의 니즈를 다 충족해주기 어렵다. 그런 면에서 오프라인의 틈새시장 전략은 엄밀한 의미에서는 틈새시장이라기보다는 중소규모 마켓 세분화 전략이라고 할 수도 있다.

가상성의
비즈니스 전략

앞에서 오프라인 전략은 원가우위, 차별화, 틈새 시장 전략 등으로 구분된다고 하였다. 이런 전략은 오프라인에서는 효과적으로 잘 작동하였고 현재도 잘 적용된다. 그런데 1990년대 중반 인터넷이 등장하면서 온라인에서는 이러한 경쟁 공식이 잘 맞지 않는 것을 목격하게 되었다. 예를 들어 인터넷과 함께 등장해서 성장한 야후, 네이버, 구글과 같은 회사는 물리적인 제품을 판매하지 않으면서도 천문학적인 매출과 이익을 얻게 되었다. 이들 기업의 공통적인 특징은 정보서비스를 제공하면서 일단 무료로 고객을 확보한 후에 확보된 고객을 활용해서 광고와 같은 다른 방법으로 이익을 얻는다는 점이다.

온라인과 오프라인의 다른 점은 무엇인가? 온라인은 정보를 서비스하는 '가상성'이 매우 강한 공간이다. 온라인의 상품은 주로 SNS, 정보, 쇼핑과 같은 정보 서비스이다. 정보는 앞서 설명한 가상성으로 인해 변동비가 거의 없다. 즉, 정보를 처음 생산하는 데에는 비용이 들지만, 일단 만들어진 정보는 추가생산(복제)하거나 변형, 운송하는 비용이 0에 수렴한다. 정보는 변동비가 없으므로 오프라인에서 효과적으로 작동하는 원가우위 전략이라는 것이 정보를 다루는 온라인에서는 의미가 없게 된다. 원가우위 전략은 변동비를 줄여서 경쟁우위를 얻는 것인데, 이미 0에 가까운 변동비를 줄이는 것은 의미가 없기 때문이다. 그 다음으로 차별화의 측면에서 보면, 정보는 물리적인 제품처럼 내구성이나 소재, 디자인과 같은 것보다는 기능(어떤 것이 가능한가)과 얼마나 유용한가(혹은 정확한가) 등에 대해서 이루어지게 된다. 틈새시장 전략을 살펴보면, 이론상 정보 서비스에 대해서는 무수히 많은 변형과 맞춤형 서비스가 거의 0의 변동비로 가능하다. 즉, 온라인의 경우는 오프라인보다 더 세밀한 틈새시장 전략이 가능하다는 것이다.

이상에서 온라인이 오프라인과 어떻게 다른지 개략적으로 알아보았는데, 온라인에서 나타나는 독특한 전략을 잘 설명해 주는 이론이 네트워크 효과(network effect)이다. 네트워크 효과는 간단히 말해서 한 네트워크가 커질수록 그 네트워크의 가치가 커지기 때문에 그 네트워크로 사용자가 몰려서 시장을 주도(독점화)하게 되는 것을 말한다.

네트워크
효과

네트워크는 다음 페이지의 왼쪽 그림과 같이 노드와 그들의 연결로 구성된다. 컴퓨터 네트워크에서는 컴퓨터가 노드가 되고 네트워크 선이 연결이 된다. 사람 간의 소셜 네트워크에서는 사람이 노드고 그들 사이의 교류와 관계의 정도가 연결이다. 네트워크 효과(Network effect)는 간단히 말하면 오른쪽 그림처럼 '한 네트워크가 커질수록 그 네트워크의 가치가 기하급수적으로 커지는 것'을 말한다. 네트워크가 커진다는 것은 네트워크에 연결된 노드가 많아지면서 연결의 수도 많아 짐을 의미한다.

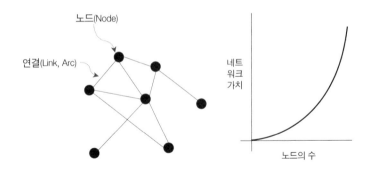

네트워크 가치의 원천은 '연결'이다. 우리가 인터넷에 접속하는 이유는 다른 컴퓨터와 연결하기 위한 것이고, 소셜네트워크에 참여하는 것도 다른 사람과의 연결을 위해서이다. 이것이 네트워크 효과가 나타나기 위한 첫 번째 조건이다. 네트워크라고 하더라도 많은 노드와의 연결이 가치를 올리지 못하는 경우에는 네트워크 효과가 발생하지 않는다. 예를 들어 전기 배전망을 생각해보자. 배전망을 연결하는 것은 전기를 받기 위한 것이다. 따라서 더 많은 노드(다른 사용자나 발전소, 변전소 등)와 연결한다고 해서 가치가 올라가지는 않는다.

네트워크 효과가 나타나기 위한 조건 1 :
네트워크에서 연결이 늘어날수록 가치도 올라가야 한다.

한 네트워크가 커짐에 따라 그 가치(연결의 수)도 커지면 이에 따라 접속하려는 노드가 늘어서 쏠림현상이 나타날 수 있다. 그런데 한 가지 재미있는 것은 이러한 쏠림 현상이 온라인에서는 자주 나타나지만 오프라인에서는 거의 볼 수 없다는 점이다. 온라인에서는 카카오톡이나 페이스북처럼 네트워크이면서 거의 독점화 되는, 즉 쏠림현상이 나타나는 경우를 많이 본다. 그렇지만 오프라인에서는 이런 경우가 거의 나타나지 않는데, 그 이유는 오프라인에서는 네트워크가 커짐에 따라 수반되는 비용도 급격히 증가하기 때문이다.

온라인에서는 네트워크의 연결이 가상의 정보로 구성된다. 카카오톡이나 페이스북이나 혹은 온라인 쇼핑에서 '연결'은 메시지, 사진, 주문 등과 같은 정보이다. 이에 비해 오프라인에서의 연결은 직접 만나는 것과 같은 물리적인 것이다. 가상성의 특성 상 연결(정보)이 증가해도 그것을 처리하는 비용은 많이 증가하지 않는다. 그에 비해 물리적인 경우는 연결의 수가 증가하면 비용도 기하급수적으로 증가한다. 좋은 예로 온라인에서는 수만 명의 회원을 가진 동호회도 손쉽게 운영할 수 있지만, 오프라인에서 이 정도 규모의 동호회를 정보기술의 도움 없이 순수 물리적인 방식으로 운영하려고 한다면 비용이 너무 많이 들어 불가능할 것이다. 네트워크가 커지면서 얻게 되는 가치(연결)보다 비용이 더 빨리 증가한다면 네트워크는 어느 크기 이상 성장할 수 없고 쏠림현상도 나타나지 않을 것이다. 여기에서 네트워크 효과가 나타나기 위한 또 하나의 조건을 알 수 있다.

네트워크 중에서는 앞의 두 가지 조건을 충족시키면서도 네트워크 효과가 크게 나타나지 않는 경우가 있다. 온라인 쇼핑몰은 구매자나 판매자가 늘어날수록 좋기 때문에 연결이 가치의 원천이다. 또한 네트워크가 성장해도 정보처리나 조정비용증가가 크지 않은 온라인 위주의 사업이다. 그런데 온라인 쇼핑몰은 카카오톡이나 페이스북과는 다르게 쏠림현상이 적다고 할 수 있다. 그 이유는 여러 개의 온라인 쇼핑몰을 사용하는 것이 하나의 쇼핑몰만 사용하는 것보다 이익이기 때문이다. 소비자는 여러 개의 쇼핑몰을 돌아다니면서 가장 싼 곳에서 구매하는 것이 이익이기 때문에 시간과 노력을 들이는 것을 마다하지 않는다.

카카오톡이나 페이스북은 비슷한 서비스가 있다면 여러 개를 사용해서 얻는 효익보다 오히려 들어가는 노력과 비용이 많으므로 가급적이면 하나를 선택하려고 하는 경향이 있다. 이 경우 당연히 가장 큰 네트워크를 선택할 것이기 때문에 쏠림 현상이 나타난다고 할 수 있다. 따라서 시장을 주도하는 가장 큰 온라인 쇼핑몰의 입장에서는 네트워크 효과를 누리기 위해서는 사람들이 여러 쇼핑몰을 돌아다니는 것이 오히려 손해가 되도록 하는 것이 효과적이다. 대표적인 예가 아마존의 프라임(Prime) 배송이다. 아마존은 연간 일정 금액(약 $100)을 내고 가입하면 배송을 무료로 해주는 프라임 배송 서비스를 제공한다. 고객의 입장에서는 1년에 4~5번만 구입해도 이 서비스를 이용하는 것이 이익이기 때문에 많이 가입한다. 그런데 일단 가입하고 나서는 다른 사이트에서 가격이 싼 것을 발견해도 배송비를 생각해서 아마존에서 구입하게 되는 경우가 많다. 즉, 아마존의 프라임 서비스는 고객들이 경쟁하는 쇼핑몰을 돌아다니면서 비교하는 것의 효용을 줄임으로써 아마존을 선택하도록 하는 효과가 있는 것이다. 아마존으로서는 프라임 서비스 자체에서는 손해를 보더라도 네트워크 효과를 통해 매출을 늘릴 수 있으므로 결과적으로는 손해가 아닐 뿐 아니라 전략적으로 매우 효과가 큰 서비스라고 할 수 있다. 여기에서 네트워크 효과가 강하게 나타나기 위한 세 번째 조건을 아래와 같이 정리할 수 있다.

네트워크 효과가 나타나기 위한 조건 3 :
경쟁하는 네트워크가 분리되어 있고 고객이 이 중 하나를 선택하는 경향(법률, 비용, 효익 등으로 인해)이 있어야 한다.

이상의 세 가지 조건은 원래 주어지기도 하지만, 아마존의 예에서 볼 수 있듯이 기업의 전략에 따라 새롭게 만들어지거나 더 강해질 수도 있다. 또 한 가지 기억할 것은 네트워크 효과는 있다/없다 둘 중 하나가 아니고 그 강도가 분야에 따라 다양하게 나타난다는 점이다. 또한, SNS처럼 태생적으로 강한 경우도 있지만, 아마존의 경우처럼 기업의 노력에 따라 강해질 수도 있다는 것이다.

네트워크 효과가 강한 경우의 비즈니스 전략

네트워크 효과가 태생적으로 강한 분야에서는 빨리 비즈니스를 시작해서 선도기업이 되는 것이 무엇보다 중요하다. 이런 분야에서는 SNS의 예에서 보듯이 먼저 시장에 진출한 선도기업을 늦게 등장한 후발기업이 따라잡기는 극히 어렵다. 이런 경우에 후발기업은 선발 기업의 네트워크와 연결하는 것이 중요하고, 반대로 선도기업은 다른 네트워크와 분리하는 것이 전략적으로 유리하다. 예를 들어서 우리가 사용하는 스마트폰과 같은 통신서비스의 경우, 네트워크 효과가 나타나는 조건 중에서 3번째 조건이 충족되지 않아서 네트워크 효과가 없다. 즉, 국민의 통신기본권을 보장하기 위해 법률적으로 다른 통신사에 가입한 사람과도 통신할 수 있도록 강제하기 때문에 소비자 입장에서는 모든 통신사의 네트워크가 하나의 네트워크처럼 인식되기 때문에(네트워크가 분리되어 있지 않으므로) 네트워크 효과가 없게 된다. 만일 가입자가 가장 많은 선도기업이 자신의 네트워크와 다른 경쟁 네트워크를 구분하는 전략(같은 통신사를 사용하는 사용자끼리만 할인해 주는 것이 대표적)을 사용한다면 네트워크끼리 약하게나마 구분이 생기기 때문에 약한 네트워크 효과가 생기게 된다. 이때 나머지 회사들은 비슷한 할인을 제공하는 등의 방법으로 이러한 구분을 없애는 전략이 필요하다.

네트워크 효과가 강한 분야에서 후발주자가 사용할 수 있는 또다른 전략은 "용도의 차별화" 전략이다. 여기서 말하는 차별화는 품질, 이미지, 디자인과 같은 전통적인 차별화와는 다르다. 전통적인 차별화는 경쟁자보다 우월한 점을 만들어서 비교 우위를 얻기 위한 차별화라고 할 수 있다. 네트워크 효과가 강한 분야에서는 웬만한 품질이나 디자인의 차별화로는 네트워크 효과를 넘어서기 어렵다. 그래서 사람들에게 경쟁 서비스와는 쓰임새가 다른, 완전히 분야가 다른 제품으로 인식시키는 "용도의 차별화"가 필요하다. 예를 들어 네트워크 효과가 강력한 SNS에서 사람들은 메시지를 보내는 목적으로는 카카오톡 이외의 경쟁 서비스를 잘 사용하지 않지만, 페이스북, 인스타그램, 밴드와 같은 다른 SNS

는 사용한다. 그 이유는 사람들이 서로 다른 SNS를 다른 용도와 목적에 사용하기 때문이다.

카카오톡과 경쟁하기 위해서 전통적인 경쟁전략인 차별화나 비용우위 전략을 사용하는 것은 효과가 없을 것이다. 예를 들어 카카오톡의 경쟁 서비스가 등장해서 화면 디자인을 더 좋게 하거나 메시지 전송 속도를 더 빠르게 하는 등의 차별화를 시도해도 카카오톡과 경쟁할 수 없다. 그 이유는 카카오톡과 같은 서비스의 가장 중요한 가치는 연결이기 때문이다. 반면에 사람들이 연결하고자 하는 니즈 중에서 충족되지 않은 분야를 채워주는 새로운 SNS를 만드는 것은 승산이 있다. 네이버 밴드, 인스타그램, 스냅챗 등이 모두 이런 전략을 사용했다고 할 수 있다.

가상성과 물리성이 결합하는 4차 산업혁명의 비즈니스 전략

        4차 산업혁명이 진전되면서 앞으로 일어날 일을 생각해 보자. 만일 자율주행차가 상용화되어서 자동차 시장에서 주도적인 제품이 된다면 어떤 전략적 변화가 생길까? 우선 자율주행차에 탑재되는 운행시스템이 새로운 플랫폼이 될 가능성이 크다. 구글이나 애플이 개발하고 있는 자율주행차 운행시스템은 네트워크 효과가 작동하는 제품이다.

  앞에서 설명한 네트워크 효과의 조건을 자율주행차에 적용해 보자. 우선 자율주행차 운행 시스템은 연결이 가치이다. 즉, 동일한 운행시스템을 탑재한 자동차가 많을수록 가치가 커진다. 왜냐하면, 탑재한 자동차가 늘어남에 따라 수집되는 정보가 늘어나서 더 정교한 학습이 가능하고, 많은 정보를 바탕으로 더 정확한 맞춤형 서비스가 제공될 수 있기 때문이다. 또한, 대부분의 자동차 제조회사에서 점유율이 높은 운행시스템을 지원하는 자동차를 만들 것이기 때문에 소비자의 선택 폭도 넓어지게 된다. 둘째, 탑재한 자동차 수가 늘어난다고 해서 조정비용이나 정보처리비용이 많이 늘어나지는 않을 것이다. 마지막으로 사람들은 자신의 자동차에 가능하면 한 가지 운행시스템을 탑재하려 할 것이다. 기술적으로는 다수의 운행시스템을 탑재하는 것이 가능하겠지만, 설사 그렇게 되더라도 실제 운행할 때에는 어차피 하나만 사용하기 때문이다. 세 가지 조건이 모두 충족되기 때문에 자율주행차 운행시스템은 상당히 강한 네트워크 효과를 갖게 될 것이다. 따라서 자율주행차 운행시스템은 선도기업이 큰 경쟁우위를 가지게 될 것이며 이들 기업은 어떻게 하든지 탑재 자동차(노드)를 확보하는 것이 가장 중요한 전략이 될 것이다.

전통적인 자동차 산업은 물리성이 지배하는 분야이다. 즉, 규모의 경제를 통해서 원가우위를 확보하든지, 차별화를 통해서 품질이나 이미지의 경쟁우위를 확보해야 하는 분야이다. 이와 같은 물리성이 강한 자동차 산업에 인공지능이라는 IT가 결합하면서 네트워크 효과가 발생하기 때문에 전통적인 자동차 산업의 전략 또한 바뀌어야 한다. 네트워크 효과의 활용이 자동차 산업의 주요전략으로 대두될 수 있다는 것이다.

　또한, 자동차 제조회사가 주도하던 산업에 운행시스템을 제공하는 회사가 들어오면서 이들 기업 간의 역학관계가 산업구조를 크게 바꿀 것이다. 똑같지는 않겠지만 스마트폰 단말기를 생산하는 삼성, LG와 같은 회사와 운영시스템인 안드로이드를 제공하는 구글과 같은 관계를 생각하면 이해가 쉬울 것이다. 더 나아가 애플과 같이 운행시스템과 자동차 하드웨어를 동시에 같이 생산하는 기업이 등장할 수도 있다.

　이번 장에서는 오프라인 비즈니스와 온라인 비즈니스의 주요 전략을 알아보았고 4차 산업혁명에서 이들이 결합하는 경우, 전략의 변화에 대해서도 자동차 산업을 예로 들어 개략적으로 살펴보았다. 구체적으로 산업이 어떻게 바뀌고 기업이 어떤 전략을 사용해야 하는지에 대해서는 기술과 산업별로 다르므로 분야별 구체적인 전략은 이어지는 장에서 자세히 살펴보기로 한다.

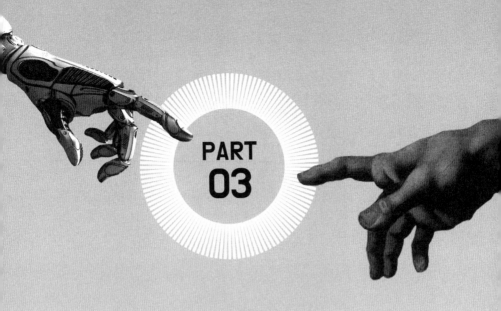

인공지능의
비즈니스 전략

세계적인 물리학자 스티븐 호킹 박사는 2014년에 "완전한 '인공지능'의 개발이 인류의 멸망을 불러올 수 있다."고 경고했다. 마이크로소프트의 창업자 빌 게이츠와 테슬라의 창업자 일론 머스크 등도 비슷한 우려를 표명한 적이 있다. 이러한 우려는 인공지능이 발전을 계속하면서 사람의 지능을 뛰어넘을 수도 있다는 예측에서 비롯되었다고 할 수 있다. 이에 비해서 "그런 염려는 지나친 것이다."라고 주장하는 사람들도 있다. 현재로는 어느 쪽의 주장이 맞는다고 확실히 말하기는 어렵지만, 어찌 되었든 인공지능이 그만큼 빨리 발전하고 있다는 증거라고 할 수 있다.

인공지능과 딥러닝

인공지능(Artificial intelligence: AI)이란 사람의 지능을 흉내 낼 수 있는 소프트웨어 혹은 시스템을 말한다. 컴퓨터가 처음 등장했을 때부터 인공지능을 만들려는 노력은 많았지만 큰 성과가 없었다. 그 이유는 초기의 인공지능은 규칙의 형태로 구현되었기 때문이다. 예를 들어 바둑을 두는 인공지능을 개발한다고 하면 바둑의 모든 가능한 경우의 수를 알아내서 각 경우에 대해서 최선의 수를 미리 입력하거나, 혹은 모든 가능한 경우는 아니더라도 대체로 이러이러한 상황에서는 이런 수가 좋다고 판단할 수 있는 규칙을 미리 만들어 컴퓨터에 넣으려 하였다. 전자의 경우는 바둑과 같이 가능한 경우의 수가 너무 많은[4] 경우에 구현할 수 없고, 후자의 경우는 세밀한 상황에 대한 대처가 어려워 어처구니없는 패착이 많은 관계로 사람과 대국하면 이길 수가 없었다. 바둑뿐 아니라 인공지능이 적용되는 다른 분야에서도 마찬가지였다. 그래서 인공지능 분야에서 발전이 정체되다 보니 얼마 전까지도 인공지능은 컴퓨터공학에서도 실패한 분야로 생각하는 사람이 많았다.

이러한 사정이 바뀐 것은 인터넷으로 인해 인공지능에 사용할 수 있는 데이터가 늘어나고, 딥러닝(deep learning)이라는 개선된 인공 신경망(neural network) 알고리즘이 개발되면서부터이다. 최근에는 인공 신경망이 워낙 널리 쓰이기 때문에 많은 사람이 인공지능이 인공 신경망(혹은 딥러닝)이라고 생각하는 경향이 있지만, 사실 인공 신경망은 인공지능을 구현하는 많은 방법의 하나일 뿐이다. 딥러닝을 포함한 인공 신경망은 사람의 신경망이 작동하는 원리를 흉내 내서 컴퓨터가 학습하도록 하는 방법이다.

지면의 제한으로 인공신경망의 작동원리를 자세히 설명하기는 어렵고, 아주 단순화해서 설명하기로 한다. 인공신경망은 입력과 출력을 컴퓨터에 주면 이 둘을 가장 잘 연결할 수 있는 신경망

---

4) 바둑의 가능한 경우의 수는 약 10^{75}으로, 우주의 모든 원자의 수를 합친 것보다 많다고 한다.

을 컴퓨터가 스스로 학습해서 구축하는 방식이라고 할 수 있다. 예를 들어 특정 기업의 주가를 예측하는 인공신경망을 구성하려면 주가를 출력 변수(출력 노드)로 놓고, 이에 영향을 미치는 입력 변수를 알아내야 한다. 설명의 편의를 위해 해당 기업의 일일 제품 출고량과 그 기업에 대한 하루 동안의 뉴스 건수만이 유일한 입력 변수(입력 노드)라고 가정해보자. 간단한 신경망은 이 두 입력 변수(출고량, 뉴스 건수)와 출력 변수(주가)를 직접 연결한 후에 각 연결의 영향 정도(가중치)를 알아내면 된다. 이 주가 예측이라는 문제에는 모범답안이 달린 좋은 학습 자료가 있다. 과거에 매일의 입력변수 자료가 있고, 또한 해당일의 실제 주가(모범 답안)가 있기 때문이다. 그러므로 과거 자료를 보면서 실제 주가를 가장 오차 없이 계산해 내는 입력변수의 가중치를 구하면 된다. 이렇게 인공 신경망이 구성되면 향후 예측하고자 하는 날의 주가는 해당일의 출고량과 뉴스의 건수 위에서 구해진 가중치를 곱해서 합한 값이 예측치가 된다.

이 주가 예측 모델은 입력변수와 출력변수를 직접 연결한 간단한 모델이다. 그런데 복잡한 문제의 경우에는 입력과 출력을 바로 연결한 인공 신경망으로는 정확한 예측이 어렵다. 그래서 다음 그림과 같이 입력과 출력 사이에 인위적인 중간 변수층(은닉층이라고 한다)을 하나 혹은 그 이상 넣어야 한다. 이렇게 은닉층을 넣으면 복잡한 문제에도 잘 적용되는 인공 신경망을 구성할 수 있게 된다. 과거에는 이 은닉층이 한 개인 경우만 문제를 풀 수 있었지만, 최근에 두 개 이상인 경우도 풀 수 있는 알고리즘이 개발되어 정확도가 비약적으로 향상되었다. 이렇게 은닉층이 두 개 이상인 인공 신경망을 딥러닝이라고 부른다. 즉, 딥러닝은 완전히 다른 방식의 인공지능 혹은 인공 신경망 방식을 말하는 것이 아니라 인공 신경망 중에서 은닉층이 두 개 이상으로서 복잡한 문제를 풀 수 있는 인공 신경망를 부르는 말이다. 현재는 딥러닝이 인공지능을 대표하기 때문에 이 글에서도 인공지능에 대한 설명은 딥러닝 위주로 얘기하기로 한다.

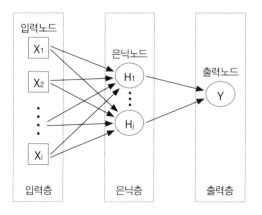

이상의 설명에서 인공신경망이 회귀분석(regression analysis)과 비슷한 것이 아닌가 하고 생각하시는 분도 계실 것이다. 회귀분

석과 비교해서 인공신경망은 데이터에 대한 제한이 많지 않다는 점, 최적값을 찾아내기 위해서 완전히 다른 방법을 사용한다는 점, 중간에 인위적인 은닉층을 넣을 수 있다는 점 등에서 차이가 있다. 또한, 인공신경망은 연속적인 값을 갖는 숫자뿐 아니라 문자, 이미지 등도 간단한 처리를 통해서 입력으로 사용할 수 있고, 데이터가 어떤 성질을 가져야 한다는 통계적 가정이나 제한이 없으므로 적용될 수 있는 분야가 매우 넓다.

인공지능의 가능성과 한계

　　인공지능은 입력과 출력을 지정할 수 있고, 답이 있는 문제라면 어떤 것에도 적용할 수 있는 장점이 있다. 특히 예측과 의사결정에 큰 장점을 보인다. 바둑은 경우의 수가 많지만, 입력과 출력이 매우 제한(19×19줄이 만나는 부분에 어떤 돌이 놓여있는가)되어 있고 명확히 정의될 수 있는 분야이다. 현재 기업에서 이루어지는 의사결정은 많은 부분이 입력과 출력을 명확히 정의할 수 있고 학습을 위한 과거의 데이터가 있으므로 인공지능이 적용될 수 있는 것이 상당히 많다.

　　인공지능이 널리 쓰이게 되면서 사람들이 갖는 막연한 불안감 중의 하나는 '인공지능이 사람의 일을 완전히 대체하지는 않

을까?' 하는 것이다. 딥러닝과 같은 현재의 인공지능 기술로는 앞
에서 설명한 인공 신경망에서 입력과 출력이 어떤 것이 좋을지를
아직도 사람이 결정해야 한다.[5] 앞의 주가예측 예를 보면, '주가
예측이 중요하기 때문에 주가가 신경망의 출력 노드가 되어야 한
다.', 혹은 '주가에 영향을 미치는 변수에는 이러이러한 것이 있을
것 같다.'는 등의 판단은 아직은 인공지능이 잘하기 어려운 분야
이다. 앞으로 획기적인 기술이 개발되지 않는다면 현재 기술로는
인공지능이 종합적인 지능으로서 다양한 분야의 지식을 연결하
고 결합해서 판단하는 수준이 되기는 어려울 것으로 생각한다.

인공지능의 또 다른 한계는 어떤 일을 잘 수행하게 되더라도
왜 그런지 원리를 설명하지 못한다는 것이다. 입력과 출력의 관
계에 대해서 데이터로부터 학습할 수 있지만, 사람처럼 왜 그런
관계가 생기는지에 대해서 그럴듯하게 스토리를 만들어서 설명
하는 능력은 아직 없다. 컴퓨터가 가장 취약한 분야가 불분명하
고 모호한 데이터로부터 규칙을 만들어 내거나 결론을 내리는 것
이기 때문이다.

컴퓨터가 잘하지 못하는, 인공지능이 잘하지 못하는 또 다른
하나는 없던 것을 만들어내는 창의적인 일이다. 인공지능이 유명

---

5) 컴퓨터가 입, 출력 변수를 포함해서 모델을 스스로 구성하는 기술이 개발되고
있다고는 하지만 얼마나 실용화될 수 있을지는 불확실하다.

한 작가의 화풍을 그대로 배워서 전문가도 구분할 수 없을 정도로 똑같은 그림을 그리거나 단편소설을 썼다는 소식이 있기는 하지만, 이런 것은 이미 있는 작품을 흉내 낸 것이지 지금까지 없던 아주 새로운 것을 만든 것은 아니다. 그래서 모든 분야에 적용할 수 있는 종합적인 지능으로서 인공지능이 사람을 뛰어넘는 것은 가까운 미래에는 어렵다는 것이 필자의 개인적인 생각이다.

그렇다면 인공지능의 가치는 과대평가된 것일까? 그렇지 않다. 인공지능은 이미 특정한 과업은 사람보다 훨씬 더 잘 수행할 수 있고, 또한 앞으로 더 발전할 것이기 때문에 인공지능이 가져올 변화는 매우 크다고 할 수 있다. 이미 인공지능이 환자의 진료 기록을 바탕으로 병을 진단하고 있고, 자동번역을 해 주고 있으며, 콜센터에서 고객이 문자로 질문한 것에 답 문자를 보내는 챗봇(chat bot)이 사용되고 있다. 이처럼 인공지능이 기업업무에 적용되면 일자리와 사회 전반적으로 영향을 줄 것으로 예상한다. 비즈니스 측면에서는 인공지능의 발전에 따라 기업의 전략과 산업구조 측면에서도 큰 변화가 있을 것으로 예상한다.

인공지능과 비즈니스 전략

인공지능을 활용하는 기업의 전략은 크게 1) 인공지능을 내부 업무에 활용하는 것, 2) 인공지능을 개별 제품에 적용해서 서비스로 제공하는 것, 3) 인공지능 기술 자체를 개발해서 플랫폼 비즈니스로 발전시키는 것으로 나누어 볼 수 있다.

내부 업무 향상을 위해 인공지능을 활용하는 경우

인공지능을 내부 업무에 활용하는 경우를 생각해 보자. 앞에서 설명했듯이 인공지능은 입력과 출력을 명확히 정의할 수 있고, 입력과 출력 사이에 뚜렷한 연관법칙을 발견할 수 있는 경우에 잘 적용될 수 있다. 이러한 특성이 있는 분야에서는 인공지능을 활용해서 업무효율을 엄청나게 올릴 수 있다.

기업이 인공지능을 도입할 때에는 우선 의사결정과 예측력의 향상에 따른 경제적 효과가 큰 업무부터 적용하고 점차 범위를 넓혀 가는 것이 바람직하다. 예를 들어 항공사에서 비행기 표의 가격을 결정하는 문제를 생각해 보자. 표 판매에 영향을 미치는 변수는 상당히 정확히 정의할 수 있고, 학습할 수 있는 과거 데이터 또한 충분하다. 이를 통해 가격 결정을 잘해서 좌석을 꽉 채워 최대의 수익을 올릴 수 있다면, 그에 따른 이익 증가 등의 효과는 매우 크다. 그래서 오래전부터 항공사에서는 비행기 표 가격 관리(yield management) 시스템을 사용해왔다. 그리고 최근에는 이러한 시스템에 인공지능이 폭넓게 활용되고 있다. 앞으로 인공지능 기술이 발전해서 사용이 쉬워지고 비용이 싸지면, 기업에서 인공지능이 적용되는 분야는 점점 넓어질 것이다. 최근 많은 관심을 받는 인공지능을 활용한 주식투자와 자산관리, 소위 로보어드바이저(Robo-advisor)도 기업의 업무에 인공지능을 적용한 예라고 할 수 있다.

먼 미래에 인공지능이 매우 널리 쓰이게 되면 어떤 업무에 어떤 식으로 인공지능을 적용하면 된다는 법칙이 확립되어서 인공지능 소프트웨어를 바로 설치해서 금방 사용할 수 있게 될 수도 있지만 아직은 그렇지 않다. 인공지능을 적용하기 위해서는 해결하고자 하는 문제에 맞는 인공지능 모델을 구성(입력, 출력 변수를 정의하고 은닉층을 포함해서 전체 모델의 모양을 결정)하고 최적화해야 하는데, 문제의 종류에 따라 워낙 모델이 다양하므로 아래와 같이 몇 가지 단계를 거치는 것이 바람직하다.

1. 인공지능을 적용할 업무의 범위를 정한다. 넓으면 좋겠지만 좁게 시작하는 것이 결과를 빨리 볼 수 있으므로 좋다. 그러면서도 중요한 문제(의사결정의 향상이 가져올 이익이 큰 것)를 선정하는 것이 좋다.

2. 선정된 문제에 대해서 모델을 구성하고, 샘플 데이터를 구해서 소규모 파일럿 프로젝트를 통해 인공지능의 성과(예측의 정확성, 의사결정 향상 정도 등)를 테스트해 본다.

3. 만일 파일럿의 결과가 좋다면 전체 데이터를 활용하는 인공지능을 적용한다.

4. 한 업무에 성공적으로 적용한 후에 인공지능을 적용하는 업무의 범위를 점차 넓힌다. 동시에 기존의 인공지능에 대한 지속적인 업그레이드와 튜닝(tuning)을 한다.

내부 업무향상에 인공지능을 적용할 경우 명심해야 할 것은 인공지능은 '가상성'이 매우 강한 기술이라는 점이다. 입·출력 변수가 무엇이 되었든지 일단 데이터화(코드화) 되면 그 데이터는 가상의 성질을 가지며 인공지능은 이런 가상의 데이터를 처리한다. 가상성이 강한 기술은 발전 속도가 빠르므로 인공지능을 적용해서 성과가 있다 하더라도 경쟁자가 따라 하거나 더 나은 기술을 도입할 가능성이 매우 높다. 따라서 지속적인 개선이 필수적이다.

인공지능을 개별 소비재 제품에 적용하는 경우와 비교해 보면, 인공지능을 내부업무에 적용할 때에는 더 많은 사람이 그 기술을 사용한다고 가치가 올라가는 것은 아니므로 네트워크 효과도 작동하지 않는다. 따라서 인공지능 기술을 내부 업무에 적용해서 경쟁우위를 유지하려면 지속적인 업그레이드가 중요하다. 앞에서 언급한 로보 어드바이저의 경우를 예로 들면, 로보 어드바이저를 도입한 회사가 많지 않은 초기에는 외부에서 개발한 로보 어드바이저를 도입해도 얻을 수 있는 초과이익이 크겠지만, 점차 많은 기업에서 비슷한 로보 어드바이저를 도입하면 이러한 초과이익은 점점 줄어들 것이다. 이 경우 경쟁우위를 유지하기 위해서는 다른 로보 어드바이저보다 더 뛰어난 성능을 낼 수 있는 독자적인 기술을 개발하든지, 아니면 더 좋은 데이터를 확보해야 할 것이다.

개별 제품에 인공지능을
활용하는 경우

가전제품과 같은 기존의 제품을 제조, 판매하는 기업은 인공지능을 개별 제품에 적용해서 일종의 부가 서비스로 제공하는 것도 좋은 전략이다. 예를 들어 삼성전자나 LG전자에서 자사의 TV에 음성인식 인공지능을 적용해서 소비자가 음성으로 채널 변경이나 콘텐츠 검색 등의 다양한 TV 조작을 할 수 있도록 하고, 더 나아가 맞춤형 서비스를 제공하는 경우를 생각해 볼 수 있다. 이 경우 이들 기업의 선택 가능한 전략은 두 가지가 있다. 독자적인 인공지능 기술을 개발해서 사용하는 것이 첫 번째이고, 이미 개발된 기존의 인공지능 기술을 자사의 제품에 탑재하는 것, 즉 특정 인공지능 플랫폼에 보완자(complementor)[6]로서 참여하는 것이 두 번째이다.

기업이 제휴해서 사용할 수 있는 기존의 인공지능 기술로는 아마존에서 개발한 음성인식 개인 비서인 알렉사(Alexa)가 대표적이다. 2017년 세계 최대 전자제품 전시회인 CES(Consumer Electronics Show)에서 수많은 회사가 알렉사를 탑재한 시제품을 선

---

6) 한 플랫폼에서 사용자가 필요로 하는 서비스나 제품을 제공하는 기업/사람을 말한다. 예를 들어 안드로이드 플랫폼에서 삼성전자나 LG전자는 단말기를 제공하는 보완자이다. (김기찬, 송창석, 임일, 《플랫폼의 눈으로 세상을 보라》, 성안당, 2015 참조)

보여서 2017년 CES의 최대 승자는 알렉사라는 평가가 있을 정도로 성공적인 인공지능 기술이다. 아마존에서 제공하는 알렉사 개발용 툴(Alexa Skills Kit: ASK)을 사용하면 어느 회사이든지 자사의 제품에 비교적 손쉽게 알렉사를 추가할 수 있다. 앞으로 알렉사를 탑재한 제품이 많이 출시되면 이들 제품 간의 연결이 가능해지면서 더 다양한 서비스가 가능할 것이다. 예를 들어 TV에 장착된 알렉사에게 명령해서 자율 주행 자동차에 장착된 알렉사를 통해 자동차를 집 앞으로 부른다든지 하는 것이 가능해질 것이다. 알렉사 외에 알파고를 만든 구글도 인공지능 기술을 텐소플로(TensorFlow)라는 이름의 오픈소스 프로그램으로 공개하였다.

아마존의 알렉사를 탑재한 에코(Echo) 인공지능 스피커

독자 기술개발과 기존 기술 플랫폼에 참여하는 것 중 어떤 것이 더 나은 전략일까? 독자적인 인공지능 개발은 기술독립을 할

수 있다는 것과 원하는 형태로 서비스를 자유롭게 바꿔서 적용할 수 있다는 장점이 있지만, 개별 기업의 기술개발에는 한계가 있고 해당 인공지능 기술이 자사 제품에만 사용되면서 고립될 가능성이 있다. 이에 비해 기존의 인공지능 기술을 사용하는 전략은 개발비용을 절감할 수 있고, 인공지능 플랫폼이 성장하면서 더 다양한 서비스를 제공할 수 있다는 장점이 있지만, 해당 인공지능 기술에 종속될 가능성이 있다.

독자개발이냐 기존 기술의 사용이냐 하는 결정은 회사의 규모와 경쟁 환경에 따라 달라질 수 있다. 독자개발의 여력이 없는 중소규모의 회사는 기존 인공지능 플랫폼을 사용하는 것 외에는 선택의 여지가 없을 것이다. 하지만 삼성전자나 LG전자와 같이 규모가 크고 전략적 선택이 가능한 기업의 경우는 현재로는 양쪽 가능성을 모두 열어 놓고 동시에 추진하는 것이 최적일 것이다. 그 이유는 현재 가전제품과 같은 개별제품에 탑재하는 인공지능 시장이 어떻게 전개될지 너무 많은 변수가 있어서 불투명하기 때문이다. 알렉사나 텐소플로와 같은 플랫폼형 인공지능 기술은 뒤에서 자세히 설명하겠지만, 네트워크 효과가 상당히 강한 분야라고 할 수 있다. 플랫폼형 인공지능 기술이 시장에 자리 잡는 형태에 있어 두 가지 시나리오를 생각해 볼 수 있다. 첫 번째는 스마트폰에서 안드로이드처럼 지배적인 기술이 등장할 가능성이다.

이 경우 그 기술과 경쟁하기 어려우므로 독자 기술개발보다는 지배적인 기술의 생태계에 들어가는 것이 좋은 전략일 수 있다. 두 번째는 지배적인 기술이 등장하지 않고 수많은 기술이 경쟁하는 경우이다. 이때에는 독자적인 인공지능 기술이 살아남을 가능성도 있다. 따라서 독자 기술을 개발할 능력이 있으면서 개별 제품에 인공지능을 탑재하려는 회사는 이 두 가지 시나리오 중 어떤 것이 유력한지 명확해질 때까지 두 가지 시나리오를 모두 고려하는 것이 위험을 줄이는 방법이라고 생각한다.

인공지능 기술을 플랫폼 형태로 제공하는 경우

앞서 설명했던 아마존이나 구글은 자신들의 인공지능 기술을 공개해서 누구든지 사용할 수 있게 함으로써 플랫폼으로 만드는 것을 전략으로 삼고 있다고 할 수 있다. 위에서 설명한 아마존의 ASK나 구글의 텐소플로는 오픈소스 소프트웨어 형태로 무료로 개방하고 있다. 이 기술을 사용하고 싶은 회사는 이들 오픈소스 소프트웨어와 추가로 제공되는 다양한 툴을 써서 자사의 제품에 인공지능을 구현할 수 있다.

어떤 종류의 기술이든지 음성을 인식하는 인공지능과 인식된 명령이 어떤 의미인지를 정확히 파악하는 인공지능이 작동하기 위해서는 정보를 클라우드 형태로 제공하는 서버에 보내야 한다. 그 이유는 음성인식이 제대로 작동하기 위해서는 대용량의 정보 저장과 빠른 처리가 필요한데, 아직은 개별 디바이스에서 자체적으로 이런 처리를 하기가 어렵기 때문이다. 즉, 공개된 인공지능 기술을 적용한 제품은 그 기술을 제공한 회사와 끊임없이 자세한 정보를 주고받기 때문에 고객에 대한 정보가 인공지능 기술을 개발한 회사에 모이게 된다. 이렇게 데이터가 한 곳에 모이게 되는 또 다른 이유는 인공지능이 더 정확한 서비스를 제공하기 위해서는 더 정확한 학습을 해야 하고, 이를 위해서는 더 많은 사람의 더 풍부한 정보가 필요하기 때문이다. 즉, 더 많은 정보가 한 곳에 모일수록 인공지능을 탑재한 제품도 더 좋은 서비스를 받을 수 있기 때문이다.

이처럼 인공지능 기술을 플랫폼으로서 제공하는 전략은 기술 개발에 많은 자원과 비용이 들어가지만, 일단 인공지능 플랫폼에서 선도기업으로 자리 잡고 나면 많은 이점을 누릴 수 있다.

인공지능 플랫폼도 네트워크 효과가 크게 작동하는 분야라고 할 수 있다. TV나 자동차와 같은 제품에서 사람들은 여러 개의 인공지능 기술을 사용할 이유가 없기 때문이다. 각 인공지능 기술의 서비스가 매우 다르고 뚜렷이 차별화되면 모를까, 비슷한 인공지능 기술을 여러 개 사용할 이유가 없다. 인공지능 플랫폼에 네트워크 효과가 크게 작동한다는 이야기는 바꿔 말하면, 이 분야에서는 선도기업이 되는 것이 무엇보다도 중요한 전략이라는 의미이다. 수단과 방법을 가리지 않고 네트워크 크기를 키우는 것이, 즉 사용자를 늘리는 것이 인공지능 기술을 플랫폼에 적용하는 기업에 가장 중요한 전략이 될 것이다.

인공지능을 탑재하는 제품의 수를 늘리기 위해서는 사용자가 편리하게 제품을 사용할 수 있도록 인터페이스 개발에 필요한 소프트웨어와 개발 툴을 충실히, 무료로 제공해야 한다. 그리고 음성인식이나 사용자의 의도 파악 등을 정확히 알아내는 인공지능 기술을 개발하는 것이 핵심이 될 것이다. 여기에 더해서 다양한 서비스도 준비해야 할 것이다. 인공지능을 탑재한 TV를 구입하는 고객들은 단순히 날씨를 물어보고 음악만 듣는 정도의 서비스로는 만족하지 못할 것이다. 병원도 예약하고, 물건도 주문할 수 있으며, 원하는 영화도 적절한 시간에 알아서 보여 주는 것을 원할 것이다. 이를 위해서는 인공지능 플랫폼을 제공하는 회사가 다양한 서비스 제공자[7]를 끌어들여야 할 것이다. 다양한 서비스 제공자를 끌어들이기 위해서는 이들에게 매력적인 협력 조건을

---

7) 이들도 플랫폼에서의 보완자(complementor)라고 할 수 있다.

제시하는 등의 방안을 모색하여야 할 것이다.

일단 성공적인 인공지능 플랫폼으로 자리 잡으면, 모이는 데 이터로 다양한 부가가치를 만들어 낼 수 있다. 가장 기본적으로 생각할 수 있는 것이 맞춤형 서비스이다. 고객이 인공지능이 탑 재된 제품을 사용하는 행동 패턴에 따라 원하는 것을 미리 제공 하는 것이다. 수익의 측면에서는 아마 맞춤형 광고가 가장 유력 한 비즈니스 모델이 될 것이다. 고객의 행동과 니즈를 정확히 예 측해서 적중률이 매우 높은 광고를 해 줄 수 있다면, 큰돈을 내겠 다는 광고주들이 많아질 것이기 때문이다. 또한, 사람들이 인공 지능이 탑재된 제품을 어떻게 사용하는지에 대한 정확하고 자세 한 데이터를 분석해서 다양한 부가가치를 만들어 낼 수 있다. 예 를 들어 어떤 사람들이 어떤 종류의 음악을 어떤 상황에서 듣는 지 분석해서 음악 서비스를 최적화할 수 있고, 특성 상황에서 원 하는 음악을 맞춤형으로 제공할 수도 있을 것이다.

자율주행자동차와
드론의 비즈니스 전략

자율주행자동차는 각종 센서와 GPS로 수집한 정보를 사용해서 목적지까지 스스로 운행하는 자동차를 말하며, 4차 산업혁명의 대표적인 기술이라고 할 수 있다. 전 세계의 자동차 제조회사와 구글이나 애플과 같은 IT기업들이 자율주행자동차를 개발하기 위해 엄청난 규모의 자금을 연구개발에 투입하고 있다. 자율주행자동차를 구현하기 위해서는 다양한 종류의 기술이 필요하다. 도로의 장애물과 주변 자동차를 인식하는 카메라와 각종 스마트 센서 기술, 도로정보와 지리정보를 바탕으로 목적지까지 가는 길을 스스로 찾는 기술, 그리고 다른 자동차와 데이터를 주고받거나 서버와 연결할 수 있는 통신 기술이 필요하다. 여기에 더해서, 어쩌면 가장 중요한 기술이라고 할 수도 있는데, 이런 기술들을 통합하고 의사결정을 할 수 있는 인공지능 기술이 필요하다.

앞으로 자율주행자동차와 드론이 일반화되면 우리 생활과 비즈니스에 어떤 변화가 나타날까? 경영자들은 이런 변화에 대비해서 어떤 준비를 해야 할까? 이번 글에서는 자율주행자동차와 드론에 관해서 얘기하기로 한다.

경영자가 알아야 할
4차 산업혁명 기업 전략

자율주행자동차와 드론의 발전

자율주행자동차 기술에 있어 가장 앞선 회사는 구글이라고 할 수 있다. 구글은 2009년부터 자율주행자동차에 대해 연구를 해 왔으며 자율주행자동차 관련 특허를 수백 건 취득하였다. 구글의 자율주행차 프로토타입은 2016년 말 현재, 실제 도로 시험 주행을 230만 마일(약 370만Km) 했으며 큰 사고가 없었다고 한다. 또한, 최근 자율주행차 프로젝트팀을 웨이모(Waymo)라는 자회사로 분리한다고 발표해서 구글 자율주행차의 상용화가 임박했다는 추측이 나오고 있다.[8]

---

8) 장원재, "자율주행車 글로벌 연합 12월 뜬다", 동아일보, 2016년 12월 20일.

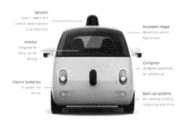
구글의 자율주행자동차 프로토타입

구글은 우리가 잘 알고 있는 알파고를 개발한 회사로서 인공지능에 강점을 가지고 있다. 이 강점을 활용해서 자동차를 안전하게 운행할 수 있는, 컴퓨터로 치면 윈도우즈와 같은 운영 시스템(OS)의 역할을 하는 자동차 운행 시스템을 개발하는 데 중점을 두고 있다고 할 수 있다.

구글의 경쟁자로는 애플이 있다. 애플도 최근 자율주행차를 개발하고 있다고 인정했으며 몇 년 전부터 인공지능 전문가를 영입하는 등 자율주행차의 운행 시스템 개발에 공을 들이고 있다. 완성차 업체에서도 자율주행차 연구개발에 많은 투자를 하고 있으며 특히 전기자동차 제조업체인 테슬라가 활발히 연구하고 있다. 국내 기업인 현대자동차 그룹도 올해 CES(Consumer Electronics Show)에 자율주행자동차 시제품을 출품하는 등 연구개발에 투자하고 있다.

드론의 경우, 동호인을 중심으로 경주용 드론과 촬영용 드론이 레저용으로 빠르게 보급되고 있으며 방송촬영용이나 농업용 등, 전문용 드론도 오래전부터 사용되고 있다. 드론 분야에서는 중국 회사인 DJI가 기술력이나 시장점유율에서 가장 앞서 있는 회사라고 할 수 있다. 최근에는 '이항'이라는 중국 드론업체가 사람이 탈 수 있는 1인승 드론을 개발해서 두바이에서 시험 서비스를 한다고 발표해 화제가 되기도 하였다.[9] 드론도 편리한 조종과 안전한 비행을 위한 인공지능 소프트웨어가 도입되면서 더 조종하기 편해지고 안전해졌다는 점에서 IT와 다른 기술이 결합하는 4차 산업혁명의 한 부분이라고 할 수 있다.

---

9) 조동주, "'드론택시' 두바이 상공에 날아다닌다", 동아일보, 2017년 2월 15일.

자율주행자동차와 드론은 얼마나 빨리 보급될까?

    세계 주요 자동차 회사에서는 2018~2021년 사이에 첫 상용 자율주행차를 출시할 계획이라고 한다. 그런데 자율주행차의 상용화와 보급은 매우 다르다고 할 수 있다. 상용 자율주행차가 출시된다고 해서 바로 대부분 자동차가 자율주행차로 바뀌지는 않을 것이고, 보급되어 널리 쓰이기까지는 시간이 걸릴 것이다. 그럼 자율주행차를 대부분의 사람이 사용하기까지 시간이 얼마나 걸릴까?

    자율주행자동차는 인공지능이라는 소프트웨어가 중요한 역할을 하기는 하지만 기본적으로는 물리성이 강한 기술이다. 앞의 글에서 설명했듯이 물리성이 강하면 발전이나 보급의 속도도 상당히 늦을 것임을 예상할 수 있다. 이것은 자율주행차 자체의 기술발전뿐 아니라 자율주행차가 운행되는 도로의 상황도 포함된다. 고속도로와 같이 통제가 잘 되고 돌발 상황이 적은 환경에서는 자율주행차가 정확하고 안전하게 운행을 할 수 있겠지만, 보행자와 장애물로 복잡한 일반도로나 새로 만들어져 지도에 없는 좁은 산길 같은 곳에서는 자율주행차가 제대로 운행하기 어려울 수 있다. 대부분 도로가 자율주행이 가능한 조건이 되고 도로의 변동 상황까지 실시간으로 업데이트되고 관리되는 체계가 갖춰질 때까지는 20년이 걸릴지, 30년이 걸릴지, 혹은 그 이상이 걸릴지 모른다. 이 과정에서 소비자들은 도로 상황이 웬만큼 갖춰질 때까지, 그리고 자율주행차의 가격이 일반 자동차와 비슷한 수준으로 떨어질 때까지 기다리겠다는 생각이 강할 수도 있다.

드론의 경우도 물리성이 매우 강한 기술이라고 할 수 있다. 그말은 드론도 짧은 시간 내에 가격이 지금의 수십 분의 일로 낮아지거나 성능이 지금의 수십 배로 좋아지거나 하지는 않을 것이라는 뜻이다. 앞에서 소개한 사람이 타는 드론의 경우 현재 가격이 수억 원이고, 몇 시간 충전해야 최대 30분 정도 비행이 가능하다고 한다. 시범서비스로는 가능하지만, 택시나 기차, 혹은 헬기와 같은 다른 운송수단과 경쟁하면서 실제 비즈니스가 가능해지려면, 최대 비행시간이 지금의 몇 배인 동시에 충전시간이 지금의 몇 분의 일, 가격은 몇십 분의 일로 줄지 않으면 어려울 것이다. 이렇게 되는 것이 불가능하다는 것은 아니지만, 그런 발전이 IT처럼 몇 년 내에 이루어지기는 힘들 것이라는 것이다. 따라서 드론이 레저와 같은 분야 외에 실용적인 운송수단으로 사용되기까지는 생각보다 시간이 더 걸릴 수도 있다.

자율주행자동차와 드론의 비즈니스 분야

자율주행차의 보급이 얼마나 걸릴지는 정확히 모르지만 일단 보급이 많이 된다면 어떤 새로운 비즈니스가 가능할까? 우선 생각해 볼 수 있는 것이 자동차 사용 방식의 변화이다. 자율주행차가 일반화되면 자동차를 굳이 소유할 필요가 없어질 것이다. 자율주행차는 스스로 주행하기 때문에 한 사람을 태우고 목적지에 데려다주면 주차장에서 기다릴 필요가 없다. 근처에서 차가 필요한 다른 사람을 태우고 가면 된다. 그래서 우리가 정수기나 핸드폰 통신 서비스를 사용하듯이 매월 일정액을 내면 자율주행차를 필요할 때마다 탈 수 있게 해주는 회사가 등장할 가능성이 크다. 현재 서비스 중인 우버의 자동차가 자율주행차로 대체되었다고 생각하면 이해가 빠를 것이다. 물론 요금은 월정액으로 하거나 사용량에 따라 내는 등 다양한 형태가 가능할 것이다.

이런 서비스 형태가 유력하다고 보는 이유는 효율성 때문이다. 현재 자동차를 보유한 사람이 하루 중 자동차를 운행하는 시간 비율은 평균 4% 안팎이다. 자율주행차로 위와 같은 운송서비스를 제공하면서 이 비율이 40%로만 증가해도 현재 자동차 수의 1/10로도 가능하다는 계산이 나온다.[10] 물론 실제로는 출퇴근 시간이나 명절 때처럼 수요가 갑자기 늘어나는 기간을 고려해서 더 많은 차가 필요하겠지만, 현재보다는 훨씬 적은 자동차로 충분하다. 이런 서비스를 이용하는 비용은 보수적으로 잡아도 자동차를 보유하는 것에 비해 절반 이하가 될 가능성이 높다. 물론 이런 서비스가 등장해도 여전히 자동차를 소유하고 싶어 하는 사람들은 존재하겠지만, 비용이 몇 배가 드는 자동차 소유보다 이런 서비스를 선택하는 사람이 늘어날 것은 분명하다.

이와 같은 자동차 이용 서비스가 일반화되면 자동차 수가 줄어들어 주차장도 지금처럼 많이 필요 없을 것이다. 그리고 자동차 보험 시장이 많이 축소될 것이다. 현재의 자율주행차 기술로도

---

10) 운전할 필요가 없다는 편리함 때문에 운송수요 자체가 어느 정도는 늘어나겠지만, 자동차를 타는 것은 시간을 필요로 하는 물리적인 서비스이므로 지금의 몇 배로 늘어나지는 않을 것이다.

이미 사람이 운전하는 것보다 더 안전하다는 것이 일반적인 평가이다. 자율주행차의 사고 소식이 심심치 않게 보도되지만, 그것은 자율주행차가 낸 사고이기 때문에 기사화되는 것이지 사고율로 보면 사람이 운전하는 것보다 훨씬 안전하다. 앞으로 기술이 더 발전하면 사고율은 더 낮아질 것이고 이에 따라 자동차 보험 시장의 규모도 지금보다 훨씬 축소될 가능성이 높다.

자율주행차로 인해 등장할 또 다른 비즈니스로는 자율주행차를 플랫폼으로 하는 비즈니스를 들 수 있다. 사람들이 자율주행차를 타고 목적지로 가면서 가장 많이 하는 일은 아마도 잠을 자는 것일 것이고, 그다음으로는 업무를 보거나 인터넷 서핑을 하는 것과 같은 정보 소비 활동일 것이다. 이때 각자의 취향과 니즈를 파악해서 맞춤형 서비스를 제공하는 것이 좋은 비즈니스가 될 수 있다. 맞춤형 정보 서비스에 대해서 사람들이 큰 가치를 느끼겠는가 생각할 수도 있을 것이다. 그런데 맞춤형 정보 서비스는 이미 우리 생활에 적용되고 있다. 인터넷에서 같은 검색어를 입력해도 사용자의 위치나 과거 검색 이력과 같은 개인별 정보에 따라 검색결과를 달리 보여주는 맞춤형 검색 등이 그것이다. 이런 개인화된 검색은 검색결과를 더 정확히 해 줌으로써 검색시간을 줄여주고 광고의 적중률도 높여주는, 검색기술에 있어서 매우 중요한 부분이다. 비슷한 맞춤형 서비스를 자율주행차에서도 예상해 볼 수 있다. 자율주행차에서는 각 소비자의 물리적 이동이라는 추가적인 정보가 있으므로 온라인의 행동 정보만 있을 때에 비해서 훨씬 더 정확한 맞춤화가 가능하다. 예를 들어 온라인에서 프랑스 파리에 대해 검색하면서 동시에 약 3주 후에 파리까지 가는 비행기 표 가격을 확인한 사람이 있다고 하자. 3주 후에 이 사람이 자율주행차를 불러서 공항까지 간다면 이 사람이 파리로 가는 확률이 매우 높다고 할 수 있으므로 파리에 관련된 다양한 맞춤형 정보를 제공할 수 있고, 또한 광고도 더 효과적으로 할 수 있을 것이다. 앞에서 설명하였듯이 정보는 다양한 종류를 결합할 때 가치가 올라가며, 훨씬 더 정확한 분석과 맞춤형 서비스가 가능하다.

자율주행차로 인해 등장할 가능성이 높은 또 다른 비즈니스는 무인 배송이다. 현재 물건 배송은 배달기사가 차를 운전하면서 하고 있는데, 만일 자율주행 트럭이 이런 일을 대신한다면 배송비용을 훨씬 줄일 수 있을 것이다. 실제로 구글은 2016년에 무인 배송트럭에 대한 특허를 공개하였다.[11] 이 특허에 따르면, 무인 배송트럭은 사물함과 비슷한 여러 개의 보관함을 쌓아놓은 형태이다. 소비자는 무인 배송트럭이 집 앞으로 오면 자신의 스마

---

11) 이재구, "구글, 택배기사 일자리마저 … 무인배송 트럭 특허" 전자신문, 2016년 2월 10일.

트폰이나 미리 받아 놓은 인증코드를 트럭에 입력해 본인의 물품이 들어있는 보관함을 열고 물건을 받을 수 있다. 이때 물품대금을 신용카드로 지급할 수도 있다. 즉, 현재의 착불 방법도 가능하다.

위에서 드론을 이용해 사람을 운송하는 것은 실용화되려면 시간이 걸릴 것이라고 하였지만, 물건 배송에는 드론이 가까운 시일 내에 활용될 수 있을 것으로 예상한다. 아마존이 무인 드론으로 물건을 배송하는 테스트를 하는 것은 이미 잘 알려져 있다. 아마존뿐 아니라 구글과 월마트 등의 많은 기업이 드론을 활용한 배송 서비스를 실험하고 있다. 드론을 활용한 배송의 가장 큰 장점은 속도와 비용이다. 드론은 공중으로 배송하기 때문에 교통상황에 영향을 받지 않고, 여러 목적지를 순차적으로 돌지 않기 때문에 물류창고에서 몇 km의 범위는 수 분 내에 배송할 수 있다. 드론을 활용한 배송 서비스는 지역별로 물류센터가 있고 여기서 수십 ~ 수백 대의 드론이 목적지 별로 물품을 배송하는 형태가 될 것으로 예상해 볼 수 있다. 아마존은 최근에 비행선과 같은 거대한 물류창고를 하늘에 띄워 놓고 여기서 드론이 물건을 배송하는 방법에 대한 특허를 취득했다.[12] 비행선 같은 물류센터가 특정

---

12) 이다비, 안재민, "아마존, 드론 배송 이어 하늘에 띄우는 '비행 물류창고'까지?" 조선일보, 2016년 12월 30일

지역에 배송할 물건을 싣고 하늘에서 해당 지역으로 이동한 다음 여러 대의 드론이 개별 물건을 배송할 것으로 예상하고 있다.

아마존의 떠다니는 물류센터 상상도
(출처: http://www.arabiansupplychain.com/article-
12925-amazon-reveals-futuristic-floating-warehouse-
concept/)

목적지 정보는 시스템에서 각 드론에 자동으로 전송되고 드론은 GPS는 물론 카메라와 각종 센서, 그리고 이를 통해 수집된 정보를 바탕으로 판단하는 인공지능 기술이 적용될 것이다. 이렇게 되면, 새와의 충돌 위험 등 응급상황에서도 대응할 수 있을 것이다. 충전이 필요한 드론은 물류센터에 설치된 충전소에 자동으로 찾아가서 충전할 것이다. 물론 모든 배송을 드론이 할 수는 없다. 부피가 크거나 무거운 것은 드론이 배송할 수 없기 때문이다. 그러나 긴급배송이 필요한 작은 박스는 드론으로 충분히 배송할 수 있다. 1~2시간 이내에 배송해야 하는 긴급주문의 경우는 육상으로 배송하는 것보다 드론으로 배송하는 것이 비용상으로도 이점이 있다. 그 외에도 농업에서 파종과 농약살포와 같은 작업이나 사람이 하기 어려운 교량과 고압선 같은 시설의 안전점검 등에 드론이 폭넓게 활용될 것으로 예상한다.

자율주행자동차의 비즈니스 전략

자율주행차와 관련된 비즈니스 전략은 비즈니스의 종류에 따라 몇 가지로 나누어서 생각해 볼 수 있다. 자율주행차와 관련된 비즈니스의 종류는 우선 자율주행차 운행시스템을 개발하는 회사, 자동차를 생산하는 회사, 자율주행차로 운송서비스를 제공하는 회사 등으로 나누어 볼 수 있다. 이들 회사의 종류별로 비즈니스 전략에 대해 알아보도록 하겠다.

자동차 운행시스템을
개발하는 회사의 전략

구글이나 애플과 같이 자율주행차 운행시스템을 개발하는 회사는 자사의 운행시스템이 널리 사용되도록 하는 것이 가장 중요한 전략이라고 할 수 있다. 앞서 설명했듯이 자율주행차 운행시스템은 네트워크 효과가 상당히 강하게 작동하는 분야라고 했는데, 이에 대해서 조금 더 자세히 설명해 보기로 한다.

우선 자율주행차 운행시스템은 연결이 가치라고 할 수 있다. 더 많은 자동차가 같은 운행시스템을 사용할수록 수집되는 데이터의 양이 많고, 통신할 수 있는 자동차가 많으므로 가치가 있다. 앞으로 자율주행차가 실제로 운행되기 위해서는 개별 자동차와 중앙서버와의 통신뿐 아니라 주변에 있는 자동차끼리의 통신도 중요해질 것이다. 자동차끼리 도로 상황 등 운행에 필요한 정보를 주고받으면서 주행하는 것이 안전과 효율적인 주행을 위해서 꼭 필요하기 때문이다. 예를 들어 자동차끼리 통신을 하는, 소위 커넥티드 카(connected car)가 실현되면 자동차 사이의 간격을 매우 가깝게 유지하는 것이 가능하므로 자동차가 바짝 붙어서 기차처럼 주행하면서 연료를 절약하는 것이 가능할 것이다. 이 경우 기본적인 자동차 간의 통신은 안전을 위해서 표준으로 만들어서 운행시스템과 상관없이 가능하게 되겠지만, 그 외에 풍부한 정보를 교환하는 것은 같은 운행시스템을 사용하는 자동차끼리만 가능할 것이기 때문에 같은 운행시스템을 사용하는 차가 많을수록 가치가 커질 것이다.

예를 들어 최근에 테슬라(Tesla)가 발표한 계획에 따르면, 테슬라 자동차끼리는 도로 상황에 대한 정보를 주고받을 수 있도록 할 것이라고 한다. 이렇게 되면 앞서가던 자동차가 도로에 낙하물이 있거나 도로 상태가 안 좋은 것을 감지해서 뒤에 오는 자동차에 알려주면 뒤의 자동차들은 경로를 바꾸거나 서스펜션을 적절하게 조정해서 더 안전하고 안락한 주행을 할 수 있게 될 것이다.

자율주행 운행시스템을 사용하는 차가 늘어나도 비용이 기하급수적으로 증가하지는 않을 것이기 때문에 네트워크 확장에 제약이 적을 것이다. 그리고 한 자동차에서 두 개 이상의 운행시스템을 같이 사용할 가능성이 작기 때문에 하나를 선택할 것이다.

자동차간 통신을 활용한 주행 (출처: USDOT)

따라서 자율주행 운행시스템은 네트워크 효과가 강하게 작동하는 분야가 될 것이 예상된다. 이것은 선도기업으로 쏠림현상이 나타날 가능성이 크다는 뜻이기도 하다. 따라서 초창기에 자사의 운행시스템을 탑재하는 자동차 수를 늘리는 것이 무엇보다도 중요한 전략이 될 것을 예상해 볼 수 있다. 물론, 기술의 발전 양상이나 수집된 정보를 바탕으로 제공하는 맞춤형 서비스가 얼마나 진화하는가 등에 따라 네트워크 효과 강도가 달라질 수 있지만, 운행시스템을 개발하는 회사의 입장에서는 초기에 탑재하는 자동차 수를 늘리는 것이 가장 결정적인 전략이 될 것이다. 이를 위해서는 운행시스템을 오픈소스화하는 등 자동차 제조회사가 자사의 운행시스템을 무료 혹은 최소한의 비용으로 탑재할 수 있도록 하는 것이 기본적으로 필요하다.

자율주행차의 보급 초기에는 정확한 운행, 즉 길을 잘 찾고 사고율도 낮은 등의 기본적인 기능이 우수한 것이 점유율을 높이는 데 가장 중요할 것이다. 그러나 시간이 지나면서 자율주행차가 많이 보급되고 운행기술이 안정화 되면, 수집되는 정보를 바탕으로 한 맞춤형 서비스를 고도화하고 자사의 운행시스템을 탑재한 자동차끼리 주고받을 수 있는 정보를 풍부하게 함으로써 연결을 통해서 얻는 가치를 높이는 것이 필요할 것이다.

만일 어떤 회사가 자율주행차 운행시스템의 선도기업으로서 최대 점유율을 가지게 된다면, 이 회사는 네트워크 효과의 강화를 위해서 복수의 운행시스템을 동시에 사용하는 데 따른 비용을 높여야 할 것이다. 앞서 네트워크 효과에서 설명하였듯이 경쟁하는 네트워크 사이에 단절이 심할수록(호환성이 없을수록), 하나의 네트워크를 선택하는 경향이 높을수록 네트워크 효과가 강해지면서 선도기업의 지배력이 커지기 때문이다. 예를 들어, 한 운행시스템을 탑재하는 자동차에 전용 부품과 장비 등을 요구하게 되면 자동차 제조회사나 소비자 입장에서는 복수의 운행시스템을 채택하는데 비용이 들기 때문에 하나의 운행시스템을 채택하는 경향이 생겨서 네트워크 효과가 더 강해질 것이다. 반대로 업계의 후발주자들은 선발주자의 운행시스템과의 호환성을 높임으로써 자사의 운행시스템을 추가로 채택해도 추가비용이 거의 들지 않도록 하는 것이 중요한 전략이 될 것이다. 이를 위해서는 선도 운행시스템이 탑재될 수 있으면서 자사의 운행시스템도 쉽게 탑재되도록 기술적 사양을 맞추어서 필요하면 사용자가 쉽게 전환할 수 있도록 하는 것이 효과적인 전략이 될 것이다.

자동차 제조회사의 전략

현대/기아, 벤츠, 도요타 등의 자동차 제조회사의 경우에는 자율주행차에 대비해서 어떤 전략이 필요할까? 자율주행차의 핵심기술인 운행시스템과 관련해서 자동차 제조회사가 선택 가능한 전략은 크게 두 가지라 할 수 있다. 1) 독자적인 자율주행차 운행 시스템을 개발해서 구글과 같은 회사와 경쟁할 것인가, 혹은 2) 운행시스템은 주도적인 제품을 탑재하고 대신 자동차 하드웨어 제조에 주력할 것인가. 가장 이상적인 것은 독자적인 운행시스템을 만들어서 자신들의 하드웨어와 묶어 애플의 iOS + iPhone처럼 플랫폼으로 육성하는 것일 것이다. 그렇지만 이를 위해서 엄청난 투자가 필요함을 고려하면 성공이 쉽지는 않을 것이다. 만일 성공한다고 해도 구글, 애플과 같은 주도적인 자율차 운행시스템을 개발하는 회사와 경쟁해야 하는 부담이 생긴다. 따라서 기존의 주도적인 플랫폼과 호환되는 자동차를 제조하는 것이 가장 현실성이 있는 전략이지만, 이 경우 운행시스템 플랫폼에 종속된다는 단점이 있다. 안드로이드와 스마트폰 제조회사의 관계를 생각하면 이해가 쉬울 것이다.

둘 중 어느 것이 더 나은 전략이 될지는 아직 명확하지 않다. 그 이유는 현재로는 자율주행차 기술의 개발 양상이 어떨지, 경쟁상황이 어떻게 진행될지 불확실한 점이 너무 많기 때문이다. 예를 들어 만일 센서 등으로 수집된 정보를 사용해서 자율주행차의 사고를 방지하는 기술, 즉 자동차 운행의 안전성과 관련된 기술 발전이 지지부진하면 자율주행차 운행시스템의 가장 중요한 선택요인은 사고율과 안전성이 될 것이다. 이렇게 되면 연결로부터 얻을 수 있는 가치는 상대적으로 작아지므로 네트워크 효과가 약해지면서 자동차 제조회사의 독자적인 운행시스템도 기본 품질만 확보하면 생존할 가능성이 있다. 반대로 안전에 관한 기술이 빨리 발전해서 안정성이 문제가 되지 않는다면 네트워크 효과를 통한 부가 서비스가 중요해질 것이다. 결론적으로, 자동차 제조회사의 입장에서는 기술개발과 시장의 상황이 명확해질 때까지 두 가지 가능성 모두에 대해 준비해야 할 것이다.

자율주행차로 운송서비스를 제공하는 회사의 전략

위에서 언급한 자율주행차를 사용해서 운송 서비스를 제공하는 회사의 경우를 생각해 보자. 아직은 이런 서비스가 등장하지 않았고, 실제 등장할 것인지도 확실하지는 않지만 만일 등장하는 경우의 전략은 어떻게 될지 생각해 보자. 이런 운송서비스가 등장하면 사람들은 통신회사를 선택하듯이 자동차 운송서비스 회사를 선택해서 일정 요금(정액요금제와 비례요금제 형태가 공존할 것이다)을 내면 언제 어디서든지 차를 불러서 타고 갈 수 있게 될 것이다.

이런 종류의 서비스는 가상성과 물리성이 공존하는 독특한 서비스가 될 것이다. 우선, 네트워크 효과가 작용하는 가상성의 특성이 존재한다. 비슷한 조건이라면 더 많은 자동차를 보유한 회사의 서비스를 선호할 것이다. 왜냐하면, 차가 많을수록 불렀을 때 더 빨리 올 가능성이 높기 때문이다. 따라서 운행하는 자동차가 더 많은 회사로 고객이 쏠릴 가능성이 있다. 그러면서도 동시에 물리적인 특성인 원가우위나 차별화 전략도 효과적으로 작동할 것이다. 우선, 이런 형태의 운송 서비스를 제공하는 데에는 상당한 변동비가 존재하기 때문에 원가우위가 중요한 경쟁 무기가 될 수 있을 것이다. 또한, 벤츠와 같은 고급 차 위주의 자동차를 보유한 회사는 대중 차를 주로 보유한 회사에 비해 더 비싼 가격을 받는 차별화 전략도 가능할 것이다. 이런 운송 서비스를 제공하는 회사는 네트워크 효과와 원가우위/차별화 다 가지면 좋겠지만, 그게 어렵다면 이 두 가지 중 어느 한쪽에 초점을 맞추어 자원을 집중하는 것이 더 효과적인 전략이 될 것이다.

자율주행차를 사용하는 운송 서비스의 경우 광고를 효과적으로 사용해서 요금을 낮추는 것도 하나의 전략이 될 수 있을 것이다. 위에서 설명했듯이 사람들이 차를 타고 이동할 때 광고가 효과적으로 작용할 것으로 예상하는데, 운송 서비스 회사가 광고를 탑승 고객에게 제공하면서 광고비를 추가 수입으로 하면 사용료를 낮추는 것도 가능할 것이다. 그러나 이런 전략에는 한 가지 어려움이 있다. 위에서 설명한 것과 같이 운송 서비스 회사보다는 자동차 운행시스템 제공회사가 가장 정확한 맞춤형 광고를 제공할 역량을 가질 가능성이 매우 높기 때문이다. 따라서 운송 서비스 회사가 자동차 운행시스템 제공회사보다 더 정확한 맞춤형 광고나 서비스를 제공할 수 있는지가 이 전략의 성패를 판가름할 것이다.

자동차와 같이 운송에 관련된 분야는 물리적인 성격이 강한 분야이기 때문에 IT와 결합해도 근본적인 성격이 바뀌지는 않을 것으로 예상하여 왔다. 그런데 인공지능과 센서와 같은 다른 기술이 결합한 자율주행자동차가 등장하면 얘기가 달라진다. 자율주행차가 실용화되면 새로운 운송서비스가 등장하고 자율주행차를 플랫폼으로 사용하는 비즈니스가 나타날 것으로 예상한다. 일단 자율주행차가 네트워크로 연결되면 자동차들이 하나의 네트워크처럼 작동하게 된다. 거기다가 연결된 자율주행차가 수집하는 데이터가 축적되고 이를 분석할 수 있으면 지금은 생각지도 못하는 다양한 서비스가 제공될 것이다. 이에 따라 사람들이 사용자가 많은 자동차를 선택하는 네트워크 효과가 발생한다는 점을 설명하였다. 과거 물리적 재화의 대표였던 운송서비스가 4차 산업혁명을 통해 정보기술이 결합하면서 가상성의 대표적인 특성인 네트워크 효과가 나타날 것으로 예상되는 매우 흥미 있는 경우라고 할 수 있다.

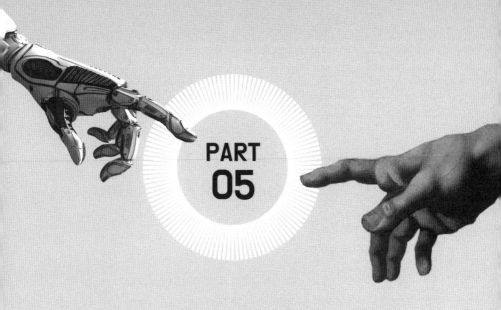

PART
05

3D프린터/인더스트리
4.0 전략

4차 산업혁명에서 중요한 분야 중의 하나가 인더스트리 4.0이다. 인더스트리 4.0은 제조분야에 IT가 적용되면서 매우 유연한 생산이 가능한 스마트 팩토리(smart factory)를 구현하는 것을 말한다. 극단적인 예로 각 소비자가 맞춤형으로 주문한 제품을 바로 생산해서 하루나 이틀 만에 배달할 수 있는 정도의 유연한 생산 시스템을 비용의 큰 증가 없이 갖추는 것이 인더스트리 4.0 혹은 스마트 팩토리의 궁극적인 목표라 할 수 있다. 최근에 화제가 되었던 온라인으로 맞춤형 운동화를 주문해서 며칠 안에 받아 볼 수 있게 한 아디다스의 스피드 팩토리(Speedfactory)가 좋은 예이다.

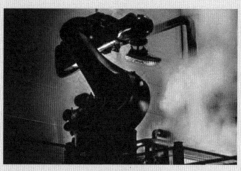

아디다스의 스피드 팩토리 (출처: ISPO)

경영자가 알아야 할
4차 산업혁명 기업 전략

인더스트리 4.0을 위해서는 고도의 IT가 유연한 생산 설비와 결합해야 가능하다. 여기서 IT가 하는 역할은 우선, 고객이 다양한 맞춤형 주문을 쉽고 정확하게 입력할 수 있는 주문시스템, 입력된 주문을 바탕으로 필요한 원자재를 발주하고 생산계획을 최적화하는 등의 가치 사슬(value chain) 혹은 공급 사슬(supply chain)을 관리하는 시스템, 그리고 고객의 주문에 맞춰서 필요에 따라 상세 설계를 바꾸고 공정 변경 등을 하는 생산 및 운영관리 시스템 등으로 나누어 볼 수 있다. 이러한 IT의 원활한 작동을 위해서는 고객과의 통신을 위한 인터넷뿐 아니라 공장 내의 다양한 설비 간의 통신을 위한 산업 인터넷(Industrial Internet)도 필수적이다. 산업 인터넷은 통신을 위한 네트워크라는 점에서는 인터넷과 같지만 주로 산업현장과 공장에서 사용되는 좀더 신뢰성 있고 빠른 인터넷을 말한다.

전 세계 많은 기업이 상당히 오래전부터 인더스트리 4.0

이 지향하는 유연한 생산시스템을 갖추기 위해 노력해 왔다. 예를 들어 유럽의 기업들은 2020년까지 총 1,400억 유로를 인더스트리 인터넷에 투자할 예정이라고 한다. 또한, 유럽의 대표적인 제조업체인 지멘스는 앞으로 5년 이내에 가치 사슬의 80%를 디지털화할 예정이라고 한다.

IT가 인더스트리 4.0의 가상 시스템(cyber system이라 부른다)이라면 실제 원재료와 부품을 가공해서 제품을 만드는 물리적인 생산 설비가 인더스트리 4.0의 물리 시스템(physical system이라 부른다)이라 할 수 있다. 인더스트리 4.0 전문가들은 가상 시스템과 물리 시스템이 얼마나 잘 결합하고 조정이 잘 되는지가 인더스트리 4.0 성공의 핵심이라고 말하고 있다.[13] 가상 시스템은 이 책의 앞에서 설명했던 가상성을 갖는 부분이고 물리 시스템은 물리성을 갖는 부분이다.

---

13) 박형근, 4차 산업혁명이 시작됐다. 기계가 소통하는 사이버물리시스템 주목하라, DBR, 116, 2014년 12월.

즉, 인더스트리 4.0도 가상성과 물리성의 결합이 변화의 핵심이라고 할 수 있다.

인더스트리 4.0의 물리 시스템 분야에서 큰 역할을 할 것으로 예상하는 것이 로봇과 3D프린터이다. 3D프린터는 원재료를 액체나 분말의 형태로 원하는 모양대로 한 층, 한 층 순차적으로 프린트하듯이 모양을 만들고 굳히는 방식(적층식), 혹은 빛을 받으면 굳는 성질이 있는 액체에 레이저를 원하는 형태대로 쬐어서(성형식) 3차원 물건을 만드는 기계이다. 작동하는 방식이 여러 가지이고 다루는 재료도 가장 저렴한 합성수지부터, 금속, 세라믹 등 다양하다. 3D프린터는 부품이나 제품을 다양한 형태로 만들어 낼 수 있으므로 맞춤형 생산에 적합하고, 따라서 인더스트리 4.0의 물리 시스템을 유연하게 하는 데 큰 역할을 할 것으로 기대하고 있다. 이번 장에서는 인더스트리 4.0과 3D프린터의 전망과 그에 따른 비즈니스 전략에 대해서 알아보기로 한다.

3D프린터의 현재

　　　3D프린터 기술은 실용화되면서 그 잠재력을 크게 인정받았다. 합성수지를 사용하는 저가형 모델은 이미 웬만한 사람은 개인적으로 살 수 있을 정도로 가격이 싸졌으며, 금속이나 다른 재료를 사용하는 3D프린터도 빠른 속도록 발전·보급되고 있다. 이에 따라 3D프린터를 사용한 다양한 혁신이 시도되고 있다. 예를 들어서 2014년에 Local Motors라는 회사는 3D프린터를 사용해서 'Strati'라는 이름의 자동차를 제작하기도 하였다. 엔진이나 바퀴 등은 기성품을 사용하였지만, 차체의 대부분을 3D프린터로 제작해서 부품 수를 크게 줄임으로써 고객의 취향에 따른 맞춤형 자동차의 가능성을 보여줬다.

항공산업의 경우, 3D프린터로 항공기 부품을 제작한다면 기존의 깎아내는 제조 방식의 한계 때문에 불가능하던 아주 복잡한 부품을 제작할 수 있고, 부품도 꼭 필요한 부분으로 구성되도록 설계할 수 있어 항공기 무게를 획기적으로 줄일 수 있을 것으로 기대되고 있다. 또한, 다양한 맞춤형 제작이 가능하므로 주문 제작의 비중이 높은 항공기의 특성상 그 제조효율을 크게 높일 수 있을 것으로 기대하고 있다.

이처럼 3D프린터가 미래의 제조산업에 큰 변화를 가져올 것이라는 점은 대부분 사람이 동의하는 바이다. 그런데 어떤 방식으로 제조업에 영향을 줄지에 대해서는 다양한 예측이 있다. 미래에 3D프린터가 제조 산업을 어떻게 바꿀지에 대해서는 다음 몇 가지 시나리오를 생각해 볼 수 있다.

[시나리오 1] 자가 제조

우선 3D프린터의 가격이 급격히 싸지고 소형화된다면, 많은 가정에서 3D프린터를 하나씩 보유하고 간단한 물품은 직접 자가 제조하는 시나리오를 생각해 볼 수 있다. 예를 들어 스마트폰 케이스가 필요하면 밖에서 구매하는 것이 아니라 집에서 3D프린터로 제조해서 사용하는 것이다. 이 경우에는 설계도가 핵심이며 많은 기술이 필요하므로 소비자들은 설계도를 구입해서 (혹은 공개된 무료 설계도를 받아서) 자신의 3D프린터에 입력해서 제품을 제조하게 될 것을 예상해 볼 수 있다. 소비자는 어떤 제품을 원하는지는 알지만, 이것을 설계도로 변환할 기술은 없는 경우가 많으므로 소비자가 원하는 제품을 3D프린터용으로 전문적으로 설계해 주는 서비스가 등장할 가능성도 크다.

이러한 자가제조가 우선 보급될 분야로는 합성수지만으로 충분히 제조가 가능한 장난감이나 간단한 수리용 부품 등이 될 것이다. 자신의 아이를 위한 맞춤형 피규어나 아이 이름이 들어간 장난감을 3D프린터로 만드는 것은 어렵지 않게 실현될 수 있는 기술이다. 그 외의 금속과 같은 재료로 만들어지는 제품을 자가제조할 수 있을지는 3D프린터가 얼마나 빨리 가격이 내려가고, 소음과 공해 등의 문제가 얼마나 해결되는가에 달려있다고 생각한다.

[시나리오 2] 다품종 소량 생산을 위한 맞춤형 공장의 등장

위의 시나리오보다 더 현실성 있는 시나리오는 다양한 3D프린터를 전문적으로 갖춰 놓고 각종 제품을 맞춤형으로 제작해 주는 공장의 등장이다. 이런 공장에서는 특정 제품, 예를 들면 테이블이나 책장 등을 소비자가 필요로 하는 크기와 모양으로 제조해서 빠르게 배달해 주는 B2C가 주 비즈니스가 될 것으로 예상해 볼 수 있다. 많은 사람이 자신의 집에 딱 맞는 크기의 가구를 구하는 데 어려움을 겪은 경험이 있을 텐데, 이런 공장이 그런 문제를 해결해 줄 수 있을 것이다.

B2B의 형태, 즉 다른 기업에 주문 제작 부품이나 반제품을 공급하는 형태도 충분히 예상해 볼 수 있다. 제조회사가 자사의 공장에 이런 생산 방식을 갖출 수도 있고, 아니면 이런 방식의 생산이 가능한 공급업체를 확보하면 지금보다 더 맞춤화된 제품 생산이 가능해질 것으로 예상한다. 또한, 이런 공급회사가 늘어나고 이를 필요로 하는 고객사의 니즈가 다양해짐에 따라 이들을 매칭시켜 주는 서비스의 등장도 예상해 볼 수 있다.

이 시나리오의 실현 정도는 앞으로 3D프린터가 대량생산보다 얼마나 제조원가를 낮출 수 있는지와 얼마나 다양한 소재를 다룰 수 있는가에 달려 있다고 할 수 있다. 소비자들은 일반적으로 맞춤형 제품에 어느 정도의 프리미엄 가격을 지급할 의사가 있기는 하지만, 대량 생산한 표준품보다 3D프린터로 생산한 제품이 몇 배의 가격이거나 소재가 매우 제한적이라면 굳이 맞춤형 제품을 구입하지는 않을 것이기 때문이다.

[시나리오 3] 의료용 3D프린터

제조업보다 의료분야는 3D프린터가 훨씬 더 빨리 적용될 것으로 예상한다. 그 이유는 인공뼈와 같은 맞춤형 의료기기에 대한 수요가 크고, 일반 제품보다 사람들이 높은 가격을 지급할 의사가 있기 때문이다. 현재에도 3D프린터로 인공뼈나 인공관절 등을 각 환자의 신체에 딱 맞게 맞춤형으로 제작하는 서비스가 제공되고 있다. 여기에 더해서 살아있는 세포를 프린트하는 3D 프린터 기술인 바이오프린팅(bio-printing)이 발전하면 인공장기의 제작도 가능해질 것으로 예상한다. 실제로 미국의 '오가노보'라는 벤처회사에서는 살아있는 세포를 잉크로 사용해서 인공 간 조직을 프린트한 후 42일간 생존시키는 데 성공하기도 했다.[14] 의료 분야에서 3D프린터의 보급은 복잡한 인공장기를 만들 수 있는 기술이 얼마나 빨리 발전하는가와 그 가격이 얼마나 내려가는가에 달려 있다고 생각한다.

14) 이우상, 그 어려운 '인공 척수'까지… 3D프린터가 해낸다, 동아일보, 2016년 5월 20일.

인더스트리 4.0의 전망

　　인더스트리 4.0의 핵심은 제조공정과 가치사슬에 정보기술이 결합하면서 맞춤형의 유연한 생산이 가능해지는 것이라 할 수 있다. 앞에서 설명했듯이 인더스트리 4.0은 제조라는 물리적인 부분(physical system)과 제조를 위한 정보의 처리라는 가상의 부분(cyber system)이 유기적으로 결합하는 것이다. 그 때문에 인더스트리 4.0을 "Cyber-physical system"이라고도 부르기도 한다.

　　인더스트리 4.0은 그 실현 정도에 따라 다양한 수준이 존재한다. 가장 높은 단계는 고객의 주문이 실시간으로 생산에 적용되어 생산계획, 물류계획까지 자동으로 수립되고 자동화된 생산설비로 다양한 맞춤형 제품을 생산하는 것이다. 이에 비해 아주 기초적인 단계로는 제조설비에 센서를 부착해서 설비의 상태를 모니터링하는 것, 일부 부품을 3D프린터로 제작해서 제품의 다양성을 높이는 것 등이라고 할 수 있다. 당분간은 이 두 가지의 중간 지점이 인더스트리 4.0의 보편적인 모습이 될 것이라 예상한다.

높은 수준의 인더스트리 4.0을 구현하기 위해서는 어떠한 기술이 중요할까? 물론 가상, 물리 두 가지가 모두 중요하지만, 이 둘 중 어떤 것이 발전 속도가 빠르고 비용이 빨리 낮아질까를 생각해 보면 물리적 시스템, 즉 제조 기술이 인더스트리 4.0의 발전에 병목이 될 것을 예측할 수 있다. 인더스트리 4.0에서 정보기술의 역할은 시장의 정보(어떤 고객이 어떤 맞춤형 제품을 언제, 어디에서 필요로 하는지)를 수집하는 것과 제조공장에서 이런 맞춤형 생산이 가능하도록 최적화된 제조공정 계획을 수립하는 것이다. 이런 일을 위한 IT는 이미 상당히 발전해 있어서 인더스트리 4.0을 구현하는 데 있어 IT가 큰 문제가 되지는 않는다.

그에 비해 제조 기술의 역할은 원재료나 부품을 물리적으로 가공하거나 조립하는 것이다. 맞춤형 생산을 위해서는 각 고객의 주문 사양에 따라 다양한 제품을 빨리 제조할 수 있는 생산설비가 필수적이다. 이를 위해서는 필요에 따라 제조 공정에 특정 가공 공정을 추가하거나 제조 순서를 바꾸는 등의 조정이 빠르고 정확하게 이루어져야 한다. 이런 것이 가능해지려면 생산 공정의 많은 부분이 로봇으로 대체되어야 할 것이다. 로봇이나 제조 설비는 물리적 특성이 강하기 때문에 이런 유연한 조정이 완벽하게 이루어질 수 있는 로봇이나 제조 설비를 만들기는 쉽지 않고 비용도 많이 든다. 또한, 이런 설비나 로봇의 비용이 순식간에 크게 낮아지지도 않을 것이다. 결국, 인더스트리 4.0을 높은 수준으로 실현하는데는 물리적인 제조설비에 관련된 기술이 얼마나 빨리 발전하는가가 핵심이 될 것인데, 이런 기술은 발전속도가 상대적으로 느리다.

그렇지만 너무 실망할 필요는 없다. 속도는 느리지만 유연한 생산시스템이라는 목표를 향해서 제조기술이 착실히 발전하고 있다. 위에서 언급했던 아디다스가 좋은 예이고 독일의 제조회사인 지멘스의 암베르크 공장도 전체 공정의 75%를 기계가 스스로 판단하고 조정하는 스마트 팩토리를 운영하고 있다. 테슬라는 컨베이어 벨트나 리프트와 같은 조립라인 대신에 수많은 로봇이 조립공정의 대부분을 맡아서 하고 있다. 이 로봇은 새로운 차종을 생산하기 위해서는 조립라인을 다 바꿔야 하는 기존 생산방식보다 소프트웨어 업데이트를 통해 새로운 차종도 조립할 수 있다는 장점이 있다.

로봇이 생산하는 테슬라 자동차 공장 (출처: 서울경제 2016년 10월 11일)

또한, 앞서 언급했듯이 3D프린터가 제조의 유연화에 큰 도움을 줄 것으로 생각한다. 3D프린터는 같은 제품을 다량으로 생산하는 경우와 서로 다른 제품을 여러 가지 생산하는 경우의 단가가 거의 같다. 따라서 3D프린터는 맞춤형 부품이나 제품의 생산이 중요한 인더스트리 4.0의 핵심기술이 될 것으로 전망된다. 예를 들어 고객의 니즈가 다양한 어떤 제품을 온전히 3D프린터로 생산할 수 있다면 이 제품은 개별 고객의 니즈에 따라 맞춤형으로 생산하는 것과 표준품을 생산하는 것의 원가 차이가 거의 없어서 인더스트리 4.0이 잘 구현될 수 있을 것이다.

경영자가 알아야 할
4차 산업혁명 기업 전략

3D프린터의 한계와 전망

       3D프린터는 제조업을 근본적으로 바꿀 잠재력도 크지만 그만큼 한계점도 많다. 우선, 3D프린터로 생산할 수 있는 소재가 한정적이다. 현재는 3D프린터에 사용될 수 있는 소재가 합성수지, 금속, 세라믹, 탄소섬유, 콘크리트 등으로 한정되어 있는데, 이런 소재는 우리가 사용하는 소재 중 극히 일부다. 전통적인 생산방식을 3D프린터가 대체할 수 있으려면 3D프린터가 거의 모든 종류의 소재를 다룰 수 있어야 하는데 이것은 상당한 시간이 필요할 것이다. 예를 들어 가죽과 같은 질감을 내는 소재를 3D프린터로 생산하려면 인조가죽 소재를 3D프린터로 제조할 수 있는 기술을 개발해야 한다. 인조가죽 소재는 이미 많이 개

발되어 있지만 이런 소재를 3D프린터에서 인쇄할 수 있도록 하는 기술은 또 다른 도전이다. 따라서 3D프린터가 다룰 수 없는 소재를 사용해야만 하는 제품은 결국 전통적인 제조 방식으로 생산하거나 전통적인 생산 방식과 3D프린터 생산방식을 결합해야 할 것이다.

둘째, 현재의 3D프린터는 상당한 정도의 후처리가 필요하다. 3D프린터의 정밀도가 아무리 개선된다 하더라도 정밀한 부품은 표면을 매끈하게 하는 추가 가공이 필수적이다. 또한, 색을 입히는 등의 작업은 별도로 진행해야 한다. 높은 강도를 필요로 하는 금속 부품의 경우는 열처리가 필수적인데, 3D프린터는 생산하면서 정교한 열처리를 동시에 하는 것은 매우 어려우므로 결국 생산 후 열처리를 별도로 해야 할 것이다.

셋째, 3D프린터는 물리성이 강한 기술이다. 3D프린터가 제품이나 부품을 하나 만드는 데에는 원료비나 에너지 비용 등의 변동비가 존재하는데 이런 변동비가 단시간 내에 크게 낮아지지는 않을 것이다.

이러한 한계로 인해서 각 가정에서 다양한 소재를 사용할 수 있는 3D프린터를 갖춰놓고 필요한 것을 자가 생산하는 것은 당분간은 가능성이 별로 없다고 생각한다.

인더스트리 4.0과 3D프린터 전략

3D프린터의 한계에 관해서 설명하였다. 그러면 3D프린터는 쓸모가 없는가? 그렇지 않다. 3D프린터에 적합한 제품과 부품에 대해서는 3D프린터가 제조공정을 유연화하는 데 큰 공헌을 할 것이다. 그러면 어떤 분야에 3D프린터가 적합한가? 당연히 다품종 소량생산이 필요한 분야이다.

다음 그림을 보면 모델당 생산량이 적은 경우에는 전통적인 생산 방식은 단위 생산비가 3D프린터보다 매우 높다. 전통적인 생산방식은 금형 제작과 같은 생산 초기 고정비용이 많이 들어가기 때문이다. 그렇지만 모델당 생산량이 늘어남에 따라 전통적인 생산 방식은 단위 생산비가 급격하게 떨어진다. 이에 비해 3D프린터는 모델당 생산량이 적어도 단위당 비용이 적지만, 기술의 특성상 생산량이 늘어나도 단위 생산비가 크게 줄어들지는 않는다. 결국, 전통생산 방식과 3D프린터 생산방식의 단위 생산비가 교차하는 지점이 생기게 된다. 이 지점을 기준으로 왼쪽은 3D프린터 생산이 유리한 경우이고 오른쪽은 전통적인 생산방식이 유리한 경우라고 할 수 있다.

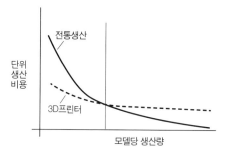

경영자의 입장에서는 해당 산업이 맞춤형 생산에 대한 니즈가 커서 모델당 생산량이 적은 경우라면, 그리고 소재가 적합하다면 3D프린터의 도입을 고려해 볼 만하다. 반대로 모델당 생산량이 큰 경우라면 굳이 3D프린터를 생산 공정에 도입할 필요는 없다.

인더스트리 4.0을 도입할 것인가를 결정하는데 중요한 변수 중 하나는 생산공정의 특성이라고 할 수 있다. 생산공정에는 무수히 많은 형태가 있지만 크게 나누어 보면 기계, 전자제품과 같이 부품을 맞추고 조립해서 제품을 만드는 조립형 생산공정과 정유, 철강과 같이 대규모 설비를 갖춰놓고 원재료를 처음부터 끝까지 이동하면서 제품을 만드는 장치형 생산공정이 있다고 할 수 있다. 인더스트리 4.0이 발전하면 어떤 유형의 생산공정이 더 영향을 받고 더 혜택을 받을까?

구체적인 상황에 따라 달라질 수 있지만, 일반적으로는 장치형 생산공정이 더 큰 영향과 혜택을 받을 것으로 예상한다. 장치형 생산공정은 생산 설비의 배치나 순서가 바뀌는 것보다는 생산공정의 설정을 바꾸면서 전체적인 생산설비를 최적화해야 하는 경우가 많다. 예를 들어 일종의 장치형 생산공정이라고 할 수 있는 반도체의 경우, 각 공정의 세밀한 설정에 따라 완제품 반도체의 불량률과 그에 따른 수익이 많은 영향을 받는다. 그래서 생산품의 종류, 기온, 습도 등의 조건에 따라 어떤 설정이 최적인지를 알아내서 생산공정을 최적의 설정으로 유지하는 것이 핵심 기술 중의 하나이다. 만일 생산공정에서 더 많은 데이터를 수집할 수 있고 수집된 많은 데이터를 정교하게 분석할 수 있다면 생산공정은 더 효율적으로 될 것이다. 이에 따라 다양한 제품을 생산하면서도 생산공정의 효율을 유지하는 것이 가능하다. IT 발전이 빠르게 이루어짐에 따라 개선된 데이터 수집과 분석이 가능해져서 장치형 생산공정의 개선이 빨리 이루어질 것으로 예상한다. 이러한 장치형 산업의 경우 전체적인 개선이 물리적인 생산설비의 개선보다는 정보의 수집과 분석이라는 가상 시스템의 개선에 달려 있기 때문에 IT 발전에서 더 큰 영향과 혜택을 받는다고 할 수 있다. 만일 자사의 생산 방식이 장치형에 가깝다면 IT 발전에 따른 기회를 적극적으로 활용하는 자세가 필요하다.

조립형 생산공정의 경우는 가상시스템의 개선보다는 물리 시스템의 개선에 더 영향을 받는다고 할 수 있다. 예를 들어 기계조립을 생각해 보면, 맞춤화된 제품을 생산하기 위해서 중요한 것은 데이터의 수집과 분석보다는 맞춤형 부품을 생산할 수 있는 가공기계와, 테슬라의 예에서 보았듯이 조립을 유연하게 할 수 있는 생산설비이다. 이러한 요소는 물리적 성격이 강한 것으로서 IT 기술의 발전보다는 물리적 기술의 발전에 더 영향을 받는다. 물리적 생산을 유연하게 해 주는 기술로는 조립을 위한 로봇과 부품생산을 위한 3D프린터가 대표적이다. 만일 생산공정이 조립형인 경우 자사의 생산공정을 맞춤형으로 유연화하려면 비용과 효과를 세밀히 분석해서 이러한 기술의 도입이 얼마나 타당한지를 결정해야 할 것이다.

정리하면, 인더스트리 4.0은 제조공장과 가치 사슬(value chain)에 정보기술을 결합하여 더욱 유연하고 효율적인 제조를 가능하게 하는 것을 말한다. 여기에서 3D프린터가 사용되면 제조공정을 더욱 유연하게 할 수 있는 장점이 있다. 한 가지 흥미로운 것은 다른 분야와는 다르게 인더스트리 4.0은 "cyber-physical"이라는 용어가 시사하듯이 가상과 물리적 시스템이 병행하는 것을 강조하고 있다는 점이다. 물리적 제조공정은 앞에서 설명하였듯이 원가나 효율의 개선속도가 상대적으로 느리다. 원가의 10%만 절감할 수 있어도 대단한 개선이기 때문이다. 제조공정과 가치사슬은 결국은 어떤 제품을 만들어내는 물리적인 시스템이 핵심이기 때문에 가공이나 운송과 같은 물리적 과정을 정보(cyber system)가 대신 할 수는 없다. 그렇지만 물리적 시스템과 병행해서 가상의 사이버 시스템을 구축함으로써 물리적 시스템을 더욱 효과적으로 만들 수 있다.

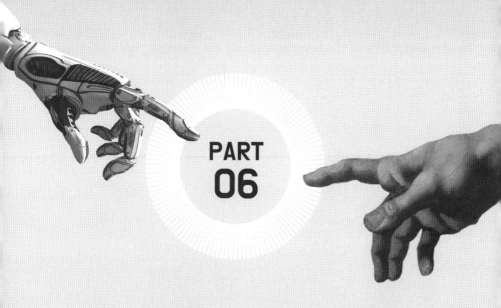

PART
06

가상현실과 증강현실의
비즈니스 전략

가상현실(virtual reality: VR) 혹은 증강현실(augmented reality : AR)이라고 하면 보통 머리에 디스플레이 장치를 쓰고 게임을 하는 것이 떠오를 것이다. VR과 AR 두 기술은 다르면서도 서로 밀접하게 관련되어 있다. 그래픽이든 미리 찍어둔 이미지를 사용하든 100%의 이미지가 컴퓨터를 통해서 처리되어 보이는 것이 VR이고 여기에 실시간으로 현실의 영상을 적당한 비율로 섞은 것이 AR이라고 할 수 있다. 사람에 따라서는 AR 중에서도 컴퓨터가 만들어내는 이미지가 실제 현실의 영상과 상호작용하는 경우를 따로 구분해서 MR(mixed reality)라는 말을 사용하기도 하지만 보통은 MR도 AR의 일종으로 분류한다. 따라서 VR과 AR이 이 분야에서 가장 널리 사용되는 용어라고 할 수 있다.

4차 산업혁명이 진전되면서 VR/AR도 큰 발전을 이루고 응용분야도 커질 것으로 예상하는데, 그 이유는 VR/AR도 이미지(데이터)의 처리가 중요하고 기술의 발전에 따라 이미지

경영자가 알아야 할
4차 산업혁명 기업 전략

처리 능력이 크게 향상될 것이기 때문이다. VR/AR은 이미지 처리가 중요한 방송, 게임, 엔터테인먼트에서 주로 사용될 것으로 예상하지만 기업, 항공, 군사 등에서 훈련목적으로 혹은 기업의 생산라인이나 R&D, 의료분야에서 수술이나 작업을 보조하는 역할을 할 것으로 기대된다. VR/AR은 4차 산업혁명 관련 기술 중에서도 이미지 처리와 사용자와의 상호작용이 중요한, 조금은 특수한 성격이 있다. 여기에서는 VR/AR의 기술 전망과 그에 따른 비즈니스 전략에 관해서 얘기해 보고자 한다.

VR/AR의 종류

VR/AR이라고 묶어서 얘기하지만 사실 VR/AR
은 종류도 매우 다양하고 기술의 성격도 상당히 다르다. 그러므
로 VR/AR의 비즈니스 전략을 이해하기 위해서는 VR/AR의 종
류에 대한 명확한 이해가 필요하다.

VR은 보통 HMD(Head mounted display)라고 불리는 장치[15]를
머리에 쓰고 사용한다. 이 장치는 보통 3D이며 머리의 움직임을
정확하게 잡아내는 자이로 센서(gyro-sensor)가 있어서 머리가 움

---

15) 페이스북이 인수한 오큘러스(Oculus) 회사의 장치가 대표적이며, 삼성도 이
   기업과 협력해서 갤럭시 기어를 발표하였다.

직임에 따라 화면도 정교하게 움직여서 마치 현장에 들어온 것과 같은 느낌을 준다. VR은 그 종류를 크게 1) 컴퓨터가 만들어낸 이미지, 2) 컴퓨터 이미지와 모션의 결합, 3) 360도 실사이미지 등으로 나누어 볼 수 있다. AR은 실사 이미지에 컴퓨터가 만들어 낸 이미지나 정보가 추가되는 것을 말한다. AR은 일반 스마트폰 을 사용하거나 구글 글라스처럼 안경형태의 디스플레이에 필요 한 정보를 표현하는 형태로 사용된다. AR도 다양한 종류가 있지 만 크게 1) 위치 정보만 활용하는 AR, 2) 특정 물체(마커)에만 적 용되는 AR로 나누어 볼 수 있다.

오큘러스 리프트 HMD 장치 (출처: 한국일보, 2017년, 7월 12일)

VR/AR Type 1
컴퓨터가 만들어낸 이미지

순수하게 컴퓨터가 모든 이미지를 만들어내서 보여주는 형태이다. 컴퓨터 게임이 대표적이고, 컴퓨터그래픽(CG)을 사용하는 영화도 여기에 해당한다고 할 수 있으며, VR 중 가장 오래된 기술이라고 할 수 있다. 이런 종류의 VR 기술에서 중요한 것은 얼마나 자연스러운 움직임을 만들어낼 수 있는지다. CG로 만든 대표적인 영화인 '아바타'의 경우, 영화 속 가상 인물의 자연스러운 표정연기를 위해서 다음 사진에서 볼 수 있듯이 실제 배우의 얼굴에 점을 찍고 이들의 움직임을 잡아내서 그래픽에 적용하였다. 게임에서도 게임 캐릭터의 자연스러운 움직임을 위해 실제 사람의 움직임을 측정하고 이를 사용해서 그래픽을 만드는 경우가 있다.

영화와 게임의 제작을 위해 사람의 실제 움직임을 캡처하는 과정
(출처: www.onlineFunDb.com)

이런 과정이 필요한 이유는 아직은 컴퓨터가 물리적인 사람의 자연스러운 움직임을 자체적으로 완벽히 만들어 낼 수 없기 때문이다. 자연스러운 물리적인 움직임을 재현하기 위해서는 관성, 운동에너지, 마찰, 탄성 등의 다양한 물리적 성질을 정교하게 계

산할 수 있는 소프트웨어('물리엔진'이라고 부른다)가 필수적인데 아직은 이런 물리엔진의 능력에 한계가 있다. 그렇지만 계속 발전하고 있으므로 조만간 실제 움직임을 캡처하지 않아도 상당히 자연스러운 움직임을 만들어낼 수 있을 것으로 예상한다.

VR/AR Type 2
컴퓨터 이미지와 모션(Motion)의 연동
·
:
·

이런 종류의 VR의 대표적인 예가 스크린 골프이다. 스크린 골프는 사용자가 휘두르는 골프채의 각도와 속도, 그리고 채에 맞은 공의 움직임 등을 정확히 잡아내서 가상의 공의 움직임을 스크린에 표시해 주는 장치라고 할 수 있다. 스크린 골프에서는 코스의 모습과 같은 컴퓨터가 만들어내는 이미지의 정교함도 중요하지만, 그보다 더 중요한 것은 실제 골프채의 움직임을 얼마나 정확하게 잡아내서 공의 움직임을 현실과 비슷하게 재현하는가이다.

이런 형태의 또 다른 예로는 다음 그림에 나와 있는 것과 같이 3D HMD와 운동기구를 결합한 운동 장치가 있다. 이 장치의 독특한 점은 표시되는 이미지와 사용자의 행동이 연동된다는 것이다. 예를 들어 사용자가 노를 젓는 속도에 따라서 화면에 표시되는 이미지도 따라서 조정되는 식이다. 조정뿐 아니라 달리기, 스키, 자전거, 승마 등 다양한 스포츠 분야에 적용할 수 있다.

VR과 결합된 노젓기 운동기구 (출처: Wareable, https://www.wareable.com)

VR/AR Type 3
360° 실사 이미지

이미 인터넷에서는 360° 이미지와 그 표시를 위한 소프트웨어를 쉽게 찾아볼 수 있다. 이런 이미지는 HMD를 사용하면 실제 그 안에 들어가 있는 듯한 느낌이 들 수 있다. 비즈니스에서 이런 기술이 가장 먼저 실용화될 것으로 예상하는 분야는 자동차와 부동산이다. 미리 촬영한 자동차나 부동산의 360° 실사 이미지를 구매자가 HMD로 보면서 직접 가보지 않고도 현실감 있는 경험이

경영자가 알아야 할
4차 산업혁명 기업 전략

가능하기 때문이다. 아직은 실용화가 되지 않았지만, 앞으로 기술이 더 발전하면 스포츠 중계나 드라마도 이와 같은 360° 실사 이미지로 볼 수 있을 것으로 예상한다.

VR을 이용한 부동산 평가 (출처: EVARA VR)

VR/AR Type 4
위치 정보만 활용하는 AR

위치 정보를 사용해서 간단한 정보를 실사화면에 덧붙이는 형태의 AR이다. 가장 대표적인 예가 최근 인기를 얻은 '포켓몬고'라고 할 수 있다. 포켓몬고는 간단히 말해서 사용자의 GPS 정보를 확인해서 해당 위치에 존재하는 포켓몬을 실사화면 위에 표시하는 게임이다. 비슷한 예로는 2012년에 일본의 '덴츠'라는 광고회사가 시행했던 'iButterfly 캠페인'이 있다. 이 캠페인에서는 특정 위치에 가서 iButterfly 앱을 실행시키고 해당 건물 등을 비춰보면 그 위치에 해당하는 가상의 나비가 스크린에 표시되고 그 순간 스마트폰을 흔들면 나비를 잡을 수 있게 되어 있다. 어떤 종류의 가상 나비도 만들 수 있으므로 기업의 마케팅에 다양한 방식으로 사용될 수 있다. 예를 들어 어떤 기업이 특정 점포에 고객을 불러 모으기 위해 희귀한 가상의 나비를 그 점포 근처에 많이 배치하고 이를 바이럴 마케팅으로 전파하는 식이다.

이런 종류의 서비스는 기술 자체는 복잡하지 않기 때문에 콘텐츠의 질이 성공을 좌우한다고 할 수 있다. 포켓몬고의 경우도 게임의 그래픽이나 기술이 뛰어나지는 않지만, 포켓몬이라는 탄탄한 콘텐츠가 있었고, 기존의 많은 사용자가 있었기에 성공했다고 할 수 있다.

'포켓몬고'와 iButterfly 화면

VR/AR Type 5
특정 물건(마커)에만 실행되는 AR

실사화면에 덧붙여지는 가상의 이미지가 정확한 위치에 표시될 필요가 있다면 마커(marker)를 사용하면 된다. 특정 마커를 프로그램이 인식해서 그 위치에 가상의 이미지를 표시할 수 있다. 예를 들어 아동용 책을 펼치고 스마트폰을 마커에 비추면 스마트폰 화면에서 동화의 주인공이나 동물이 표시되는 형태로 이미 많이 사용되고 있다.

또한, 정확한 위치가 필요한 생산/조립 라인이나 의료분야에서도 사용되고 있다. 예를 들어 항공기와 같이 조립공정이 복잡하고 실수가 용납될 수 없는 경우에 AR이 사용될 수 있다. 작업자가 AR용 고글을 착용하고 작업을 하면 어떤 부품을 어디에 어떤 순서로 조립해야 하는지를 그래픽으로 고글에 표시해 줌으로써 작업의 정확도를 높여줄 수 있다. 의료분야에서도 수술 전에 환자의 신체를 미리 3D로 정교하게 스캔한 후에 수술할 때 의사의 고글에 환자의 뼈, 혈관, 신경의 형태를 보여줘서 수술에 도움을 줄 수 있다. 다음 그림과 같이 의사가 수술할 때 환자의 실사 영상 위에 추가 정보가 표시되면 더 정확히 수술할 수 있다.

이런 종류의 서비스에서는 영상을 정확한 위치에 표시하는 기술이 핵심이다. 수술할 때 혈관이나 신경이 몇 mm만 잘못 표시돼도 안 되기 때문이다. 정확한 표시를 위해서는 우선은 대상(예를 들어 환자)의 마커를 바탕으로 정확한 위치를 표시하는 기술도 중요하다. 다음 수술 장면에서 환자의 머리 주위에 네모난 형태의 다수의 마커를 볼 수 있다. 또한, 표시장치를 쓴 사용자의 머리 움직임과 눈의 움직임을 정확히 감지하고 표시되는 영상과 이미지를 그에 맞춰 움직여 주는 기술도 중요하다.

AR을 환자 수술에 적용한 예(출처 : 삼성서울병원 블로그)

유망한 VR/AR 비즈니스 분야

앞으로 VR/AR이 많이 적용될 것으로 예상하는 분야는 게임, 방송/콘텐츠, 연구/교육/훈련, 의료, 광고/마케팅, 컴퓨터 인터페이스 등이다. 게임분야에서는 이미 많은 VR 게임 (3D이면서 360° 화면을 볼 수 있는)이 제작되었으며, 앞으로 그래픽의 질과 현실감이 더욱 개선될 것으로 예상한다.

방송/콘텐츠의 경우 위에서 설명한 360° 3D 이미지를 사용하는 방송과 온라인 콘텐츠가 등장할 것으로 예상한다. 예를 들어 야구 중계를 모든 시청자가 같은 각도에서 보는 것이 아니라 원하는 대로 이리저리 각도를 바꿔가며 – 심지어는 주심의 위치에서, 혹은 투수의 위치에서 – 보는 것을 예상해 볼 수 있다. 드라

마에서는 주인공들이 만나는 장면을 앞에서, 혹은 뒤에서 원하는 대로 위치를 바꿔가면서 보는 것도 생각해 볼 수 있다.

VR/AR 기술이 발전하고 가격이 내려가면 좀 더 많은 분야에서 VR/AR이 사용될 것이다. 예를 들어 기업에서 신제품을 설계할 때 모크업(mock-up) 모형을 만드는 대신 VR로 가상의 모형을 만들어 내면 실제 모형을 만들 필요가 없게 된다. 연구자들은 표시장치를 착용하고 가상의 모형을 보면서 작업하면 된다. 즉, 물리적인 모형이 가상의 모형으로 대체되는 효과가 있는데, 가상의 모형은 가상성으로 인해 비용이 적게 들고 수정이 빠르고 쉽다는 장점이 있다. 군대에서도 이미 VR을 이용한 전투 시뮬레이션을 훈련에 사용하고 있다. 병사들이 VR로 간접적이나마 실제 전투에서의 소음이나 시각적 경험을 해 봄으로써 전투력 향상에 도움이 될 것으로 기대하고 있다.

의료분야에서 환자 진료에 AR이 사용될 수 있음은 앞서 설명하였고, 의과대학생 해부실습 등에도 VR/AR이 사용될 수 있을 것이다. 물론 VR/AR로 해부실습을 완전히 대체할 수는 없을 것이다. 기초 해부실습은 여전히 실제 해부용 시신으로 해야 하겠지만, 고난도 수술의 경우 다양한 상황을 설정해서 VR로 시뮬레이션하면서 훈련하면 실제 수술 상황에서 도움이 될 것이다.

광고/마케팅 분야에서는 앞서 예로 든 iButterfly와 같은 프로

모션을 AR로 실행하는 것을 생각해 볼 수 있다. 또한, 신제품의 프로모션을 위해서도 VR/AR이 사용될 수 있다. 예를 들어 새로운 자동차가 출시되는 경우 그 자동차에 대한 VR 이미지를 배포해서 VR 장비를 가진 소비자가 그 자동차의 내·외관을 살펴보거나 운전을 경험해 보도록 하는 것 등이 가능할 것이다.

　VR/AR은 컴퓨터의 인터페이스도 바꿀 것으로 예상한다. 컴퓨터에 연결된 VR/AR 디스플레이 장비를 착용하면 눈에 보이는 모든 곳이 컴퓨터 디스플레이로 바뀐다고 할 수 있다. 여기에다 사용자의 손의 움직임을 감지하는 장치까지 더해서 타이핑이나 제스처로 입력하게 하면 현재와는 매우 다른 인터페이스가 가능할 것이다. 마치 영화 〈마이너리티 리포트〉에 나온 것과 같이 허공에 정보를 표시하고 손의 움직임으로 조작하는 인터페이스가 충분히 가능할 것이다. 앞으로 연구와 기술개발의 여지가 많은 분야라고 할 수 있다.

VR/AR
비즈니스 전략

    VR/AR은 앞에서 설명하였듯이 사용되는 기술의 종류도 다양하고 적용분야도 많다. VR은 이미지와 정보처리가 주된 기술이기 때문에 상대적으로 가상성이 강한 기술이라고 할 수 있다.

    AR은 이미지 처리도 중요하지만 스크린 골프에서 골프채의 움직임을 측정하는 것처럼 물리적인 상태를 가상의 정보로 바꾸는 것이 필요하다. 그러므로 AR은 VR보다는 물리적인 성격이 조금은 더 강한 기술이라고 할 수 있다.

    가상성과 물리성의 특성상 일반적으로는 VR이 AR보다는 발전이나 보급속도가 더 빠를 것으로 예상하지만 구체적인 개별 서비스나 제품의 보급은 해당 제품의 특성과 완성도에 의해 결정될 것이라고 생각한다. VR/AR을 활용하는 유망한 비즈니스 분야는 크게 게임이나 방송과 같은 엔터테인먼트 분야와 교육/훈련이나 의료와 같은 실제 업무와 관련된 분야, 두 가지로 나누어 볼 수 있다. 아래에서 VR/AR를 사용하는 개별 서비스나 제품의 성공 요인과 비즈니스 전략 대해서 생각해 보기로 한다.

엔터테인먼트 분야의 VR/AR

엔터테인먼트 분야에서는 크게 성공한 제품/서비스도 많지만, 그보다 더 많은 수의 제품이나 서비스가 시장에서 수용되지 못하고 사라졌다. 엔터테인먼트는 생활에 필수적인 서비스가 아니므로 품질이 기대에 못 미치거나 해당 서비스에 대한 소비자의 니즈가 크지 않은 경우 굳이 돈을 내고 서비스를 사용하지 않기 때문이다. 현재까지 등장했던 VR/AR 중에서 한국에서 가장 성공한 서비스는 스크린 골프라고 할 수 있다. 스크린 골프는 앞서 설명한 VR/AR Type 2에 해당하는 것으로서 2015년 기준으로 약

1조 4,000억 원 규모의 시장을 형성하고 있다.[16] 이제는 주변에서 스크린 골프장을 흔하게 볼 수 있을 정도로 보급되었다. 이에 비해 몇 년 전 많은 사람의 관심을 끌었던 3D TV는 시장에 안착하지 못하고 거의 사라졌다.

스크린 골프와 3D TV의 성패를 결정한 요인은 무엇일까? 수많은 요인을 들 수 있겠지만 중요한 것은 기술적 완성도와 시장에서의 수요의 강도라고 할 수 있다. 스크린 골프는 필드에 나가서 골프를 칠 시간이 없거나 날씨 때문에 골프를 칠 수 없는 상황에서 골프를 치고 싶다는 소비자의 강력한 니즈를 충족시켜 주었다는 점이 가장 큰 성공의 요인이라고 생각한다. 거기에다 골프채와 공의 움직임을 정확히 감지해서 실제 골프를 칠 때와 거의 같은 궤도와 거리를 계산해 줄 수 있는 기술의 발전도 큰 역할을 하였다. 이에 비해서 3D TV는 시장의 니즈가 스크린 골프만큼 크지는 않았다고 생각한다. 물론 3D로 볼 수 있는 콘텐츠가 적었기 때문에 3D TV의 판매가 늘지 않았고, 3D TV가 많이 보급되지 않아서 콘텐츠의 개발이 늦어지는 악순환에 빠진 것도 한 요인이지만, 이런 악순환을 가져온 근본적인 원인은 니즈의 강도가 강하지 않았기 때문이라고 생각한다. 3D TV의 경우에는 소비자

---

16) 최진석, "한국골프시장규모 11조4000억원, 스크린골프시장 1조4000억원 비중 10% 달해", 한국경제신문, 2017년 4월 18일

가 느끼는 가치에 비해 기기 자체의 비용도 비쌌지만 이를 보기 위해서는 특수 장비(안경)를 착용해야 한다는 점이 매우 큰 심리적 비용으로 작용했다. 이에 비해 스크린 골프는 실제 필드에 나가는 것보다 비용도 싸고 시간도 적게 들기 때문에 소비자가 느끼는 비용이 상대적으로 낮아서 시장에서 큰 수요가 생겼다고 생각한다. 즉, 어떤 서비스에 대한 수요는 단순한 니즈뿐만 아니라 그 서비스의 가격과 다른 간접적인 비용까지 영향을 미친다고 할 수 있다. 이런 요인을 그림으로 정리해 보면 아래 그림과 같다.

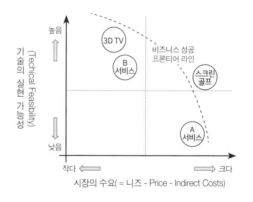

엔터테인먼트 VR/AR 서비스의 성공요인

엔터테인먼트 VR/AR 서비스의 성공은 크게 기술적 실현 가능성과 시장의 수요에 의해서 결정된다고 할 수 있다. 물론 둘 다 강하면 당연히 큰 성공을 거둘 수 있겠지만, 보통은 그렇지 못하기 때문에 그림에 표시된 것과 같이 이 둘이 최소한으로 충족되는, 즉 비즈니스가 성립하기 위한 경계선(frontier)이 존재한다고 할 수 있다. 이 프런티어의 오른쪽에 위치하면 비즈니스가 가능하다고 할 수 있다. 스크린 골프는 출시 당시 기술적 완성도는 아주 높지 않았지만, 시장에 큰 수요가 존재했기 때문에 프런티어 오른쪽에 위치했던 반면에 3D TV는 기술적 완성도는 높았지만, 이에 대한 시장의 수요가 크지 않았다고 할 수 있다. 다시 말해, 3D TV의 경우는 제품에 대한 니즈(필요)보다 제품의 가격과 특수 장비를 사용해야 하는 비용이 더 많이 들었다고 할 수 있다. 시간이 지나면서 다른 조건이 동일해도 3D TV에 대한 니즈가 매우 커졌다면 시장에 안착했겠지만, 소비자들의 특정 기술에 대한 니즈는 크게 바뀌지 않는 것이 보통이다. 따라서 엔터테인먼트 VR/AR 서비스의 성공을 판단할 때에는 시장에 존재하는 니즈를 가장 중요하게 봐야 할 것이다. 그리고 여기에다 서비스의 가격과 장비 착용과 같은, 서비스를 사용하는 데 따르는 간접비용까지 고려해야 할 것이다.

교육/훈련,
의료 분야의 VR/AR

교육/훈련이나 의료 분야의 VR/AR은 엔터테인먼트 분야와는 다르게, 높은 가격을 지불할 의사가 있고, 또한 강한 니즈가 있으므로 시장 규모는 좀 작을지 모르지만, 안정적인 발전과 성장이 기대되는 분야이다. 이 분야의 VR/AR은 주로 훈련이나 생산라인에 사용될 것이기 때문에 그래픽의 완성도보다는 위치표시의 정확도나 물체의 움직임이 얼마나 현실과 가까운가가 핵심이 될 것이다. 즉, 물리적인 세상과 얼마나 밀접하게 연결되어 있고 물리적인 세상을 유사하게 표현하는가가 성공의 핵심이 될 것이다.

예를 들어 조종사의 훈련에 사용되는 비행 시뮬레이터는 훈련생의 기기 조작에 따라 가상의 비행기의 움직임을 얼마나 현실에 가깝게 재현하는가가 가장 중요하다. 조립라인에 사용되는 AR기기의 경우에는 실제의 제품 위에 추가적인 부품을 얼마나 정확한 위치에 표시하는가, 얼마나 정확하게 추가정보를 제공하는가, 그리고 표시 위치가 사용자가 움직여도 얼마나 정확히 유지되는가 등이 성공의 핵심이 될 것이다. 사람의 생명이 달린 의료용 AR의 경우는 위치표시나 정확한 정보의 표시가 더더욱 중요할 것이다.

엔터테인먼트를 위한 VR/AR과 교육/훈련, 의료 분야의 VR/

AR이 가장 다른 점은 시장의 수요이다. 일단 엔터테인먼트를 위한 VR/AR은 대개 사람들이 지불할 의사가 있는 가격이 높지 않고, 거기에다 추가적인 장비를 사용해야 한다면 시장의 수요가 크게 줄어들 가능성이 높다. 이에 비해 교육/훈련, 의료 분야의 VR/AR은 대부분 기업이나 기관에서 사용하기 때문에 지불할 의사가 있는 가격이 높고 추가적인 장비를 착용하거나 해도 큰 상관은 없다. 대신에 교육/훈련, 의료 분야의 VR/AR은 위치의 정확성이나 정보의 정확성과 같은 기술적 완성도가 매우 중요하다. VR/AR 기술을 사용한 비즈니스를 계획하거나 시장에 대한 분석을 함에 있어 이러한 기술과 시장의 특성에 따른 차이점을 이해하는 것이 매우 중요하다고 생각한다.

4차 산업혁명의 다양한 기술 중에서도 VR/AR은 주로 시각적 경험에 관한 기술이기 때문에 우리가 더 직접 변화를 느낄 수 있는 분야이다. 이 말은 비즈니스 입장에서는 가시적인 효과가 커서 도입할 유인이 크다는 것이다. 앞서 설명했던 것과 같이 다양한 비즈니스에서 VR/AR를 적용할 수 있을 것이다. 이에 따라 VR/AR를 제품화나 서비스화해서 새로운 비즈니스로 시도하거나 광고와 같은 분야에 VR/AR을 적용해서 가시적인 홍보 효과를 보고자 하는 경우가 많다. 그런데 손쉽게 적용할 수 있다는 이

유만으로 비즈니스에 새로운 기술을 적용했다가 실패한 예가 과거에 무수히 많다. VR/AR은 이미지 처리라는 가상성이 큰 분야이기 때문에 발전 속도가 빠르다. 따라서 큰 비용을 들여서 도입한 기술이 곧 시대에 뒤떨어질 가능성이 크다. 또한 VR/AR을 도입하는 경우 새로운 것에 대한 신기함이 사라진 다음에도 얼마나 비즈니스에 도움이 될지에 대해 냉정하게 판단해 보고 결정을 해야 할 것으로 생각한다.

IoT(사물인터넷)의
비즈니스 전략

사물인터넷(Internet of things: IoT)은 가전제품, 혹은 공장의 기계와 같은 사물에 네트워크 기능이 추가되면서 이들 사물이 네트워크로 연결되는 것을 말한다. 앞으로 네트워크 모듈과 통신비용이 내려가면서 더 많은 사물이 IoT를 통해 연결될 것으로 예상한다. HIS라는 기관은 IoT에 연결되는 기기의 수가 2015년 150억 개에서 2020년에 300억 개, 2025년에는 750억 개에 이를 것으로 예상한다. 또한 베인(Bain) 컨설팅 회사는 2020년에 IoT 장비, 소프트웨어, 솔루션을 포함한 전체 시장 규모가 약 500조에 달할 수도 있다고 예측한다.

경영자가 알아야 할
4차 산업혁명 기업 전략

IoT는 4차 산업혁명에 필요한 데이터를 모아주는 역할을 하므로 4차 산업혁명에서 핵심 기술이 될 것이다. 아무리 뛰어난 인공지능이라도 데이터가 없으면 무용지물이다. 바둑이나 날씨와 같이 공개된 데이터의 경우는 상관이 없지만, 고객의 제품 구매, 생산 공정의 상황, 환자의 진료기록과 같이 비공개 데이터가 필요한 경우에는 데이터가 매우 중요해질 것이다. 그런 의미에서 데이터 수집 역할을 하는 IoT는 4차 산업혁명의 핵심 기술이라고 할 수 있다.

구글의 IoT 비즈니스 사례

        IoT는 단순히 다양한 사물이 네트워크를 통해 데이터를 주고받게 되는 것 이상의 영향이 있다. 예를 들어 2014년에 구글이 인수한 Nest라는 회사를 보자. Nest의 대표적인 제품은 그림에 있는 것과 같은 디지털 온도 조절기이다. 다른 온도 조절기와 다른 점은 네트워크에 연결되어 있어 사용자의 온도 조절 행동과 그에 따른 히터, 에어컨 등의 사용데이터가 실시간으로 전송된다는 점이다. 구글이 32억 달러라는 거액을 지급하고 이 회사를 인수했을 때 많은 사람이 구글이 자신의 비즈니스와 직접적인 관련이 없는 회사를 왜 인수하는지 의아해했다. 그 의문은 구글이 에너지 산업에 진출할 것이라고 발표하면서 풀리게 되었다. 구글은 Nest를 통해 수집된 데이터를 바탕으로 전력회사에 가치 있는 컨설팅을 할 계획이라고 발표했다.

Nest 온도조절계 (출처: The New Economy, 2014. 1. 16.)

전력회사는 나라를 불문하고 에너지 수요예측이 가장 중요한 업무이다. 장기 수요예측에 따라 발전소 건설 계획을 수립할 수 있고, 단기 수요예측에 따라 발전설비의 운용계획을 세울 수 있기 때문이다. 기존의 에너지 수요예측 방법은 거시적(macro) 방법이 주를 이룬다. GDP와 같은 거시경제 변수와 날씨와 같은 추가 변수를 고려해서 수요예측을 하는 것이다. 그런데, Nest를 통해 수집된 데이터를 분석하면 미시적(micro) 예측이 가능하다. 각 전기 사용가의 전기 소비 패턴 분석이 가능하고 이를 통해 개별 사용가의 에너지 수요를 예측할 수 있기 때문이다. 개별 사용가의 에너지 수요를 합하면 전체 수요예측을 할 수 있을 뿐 아니라 거시적 예측으로는 불가능한 지역별, 도시별 예측이 가능하다. 구글은 이를 사용해서 서로 경쟁하는 전력회사에 가격정책과 같은 다양한 컨설팅을 해 주겠다는 것이다. 다시 말해 구글이 지급한 32억달러는 Nest라는 회사의 기술이나 자산에 대한 가치뿐만 아니라 이 디바이스를 통해 수집되는 데이터에 대한 값이 많은 부분을 차지한다는 것을 알 수 있다.

우리나라에서도 한국전력에서 2020년까지 현재의 전력 계량기를 스마트 미터(smart meter)로 대체할 계획을 세우고 있다.[17] 스마트 미터는 전력 계량기가 자동으로 전력사용량을 측정해서 네트워크를 통해 실시간으로 데이터를 보내는 방식이다. 현재 검침원이 매달 방문해서 계량기를 검침할 필요를 없애주는 것이 직접적인 효과이지만, 각 가정의 전기 사용량에 대한 실시간 데이터가 쌓이면 앞서 설명한 Nest와 비슷한 일을 할 수 있을 것으로 기대된다.

---

17) 전승현, "2020년 지능형 전력계량기 전면 사용, 검침원 사라진다." 연합뉴스, 2016년 12월 7일

IoT의
전략적 활용

       Nest의 경우처럼 IoT는 단순히 가정별로 세분화
된 데이터가 수집되는 것, 혹은 사용자가 집 밖에서 전기기구를
켜거나 끌 수 있는 차원의 변화에 그치지 않는다. 가정별, 도시
별, 지역별 등 다양한 분석을 통해 수요예측과 컨설팅이 가능해
지고 더 나아가서 지역별, 도시별 에너지 사용의 최적화를 통해
에너지 절감이 가능하게 된다. 사실 구글과 Nest는 IoT의 시작에
불과하다고 봐도 된다.

   앞으로 센서와 네트워크 장치의 가격이 내려가면 전 세계적으
로 수많은 CCTV, TV, 냉장고, 가정용 로봇 등이 연결되면서 지
금보다 더 많은 양의 데이터가 수집되어 지금은 상상하기 어려

운 많은 변화와 혁신적인 서비스가 등장할 것으로 예상한다. 몇천 개의 사물에서 수집되던 데이터가 수억, 수조 개의 사물에서 수집되고 1시간마다 수집되던 데이터가 몇 초마다, 혹은 실시간으로 수집되게 되면 이것은 단순히 데이터의 양이 늘어나는 양의 변화가 아니라, 과거에 불가능하던 일이 가능해지는 질의 변화가 일어나게 될 것이다. 특히 IoT가 인공지능과 결합하면 많은 새로운 서비스와 비즈니스가 가능할 것이며, 이 과정에서 산업에 따라 혁명에 가까운 변화가 일어날 수도 있다.

통신 산업의 예를 들어보자. 얼마 전부터 통신사에서 음성인식 인공지능 비서 역할을 하는 스피커를 출시하고 있다. SK텔레콤의 누구(NUGU)와 KT의 기가지니(Giga-Genie) 등이 그것이다. 네이버나 LG U+도 곧 비슷한 서비스를 출시할 것이라고 한다. 이들 스피커는 TV와 인터넷에 연결되어서 음성으로 TV를 조작하거나 음악을 틀어달라고 하거나, 날씨 확인, 웹 검색, 치킨 배달 주문 등을 할 수 있다. 앞서 인공지능 부분에서 설명했듯이 음성인식 인공지능에서는 음성정보가 클라우드에 전송되기 때문에 통신회사는 사용자가 디바이스를 통해 실행한 모든 사용 정보를 갖게 된다. 현재 기존의 통신사가 가지고 있는 정보는 사용자의 통신정보(누구와 언제 문자나 통화를 했다)와 위치 정보 밖에 없다. 이에 비해서 통신회사의 통신망을 사용하는 네이버나 구글과 같은 회사는 사용자의 정보검색 정보와 쇼핑(네이버 쇼핑) 정보 등이 풍부하므로 사용자가 무엇에 관심이 있는지 잘 분석할 수 있고, 이를 바탕으로 타깃 광고를 해서 많은 수익을 내고 있다. 즉, 정확한 타깃팅 능력이 구글이나 네이버의 경쟁력이라고 할 수 있다.

통신사의 음성인식 인공지능 스피커 (KT의 기가지니(좌), SKT의 누구(우))

앞으로 이와 같은 음성인식 인공지능 스피커가 널리 보급되고 사람들이 이를 사용해서 TV도 시청하고 음악도 듣고, 쇼핑도 하고, 웹 검색도 한다면 통신사들이 네이버나 구글보다 오히려 고객 데이터를 더 많이 확보할 수도 있다. 네이버나 구글은 자신의 사이트를 사용하는 데이터밖에 없지만, 이런 인공지능 비서 스피커를 통하면 네이버 구글의 사용 데이터는 물론이고 TV 시청 정보, 음악 소비 정보, 쇼핑 정보, 심지어는 날씨 확인 정보까지 얻을 수 있기 때문이다. 그렇게 되면 통신사가 네이버나 구글보다 맞춤형 광고를 더 정확하게 제공할 능력이 생긴다. 그뿐만 아니라 다양한 TV 프로그램이나 음악의 소비 패턴에 대한 분석과 컨설팅도 가능할 것이다. 그렇게 되면 현재 네이버나 구글이 가지고 있는 온라인 광고의 주도권을 통신사가 일부 가져오는 산업구조의 근본적인 변화가 올 수도 있다. 물론 네이버나 구글과 같은 기업도 이러한 위협을 충분히 알고 있으므로 이에 맞서 비슷한 경쟁 서비스를 출시할 계획을 세우고 있다. 이런 새로운 변화와 산업재편의 가능성이 생기는 것도 결국은 데이터 때문이라고 할 수 있다.

앞으로 IoT가 중요한 역할을 할 것으로 기대되는 분야는 크게 스마트홈, 공공부문, 그리고 산업 현장이다. 우선 스마트홈 분야에서는 각 가정에 홈서비스를 위한 중심 기기가 데이터를 수집하고 다양한 맞춤형 서비스를 제공할 것으로 예상한다. 많은 사람이 예상하는, 집에 사람이 들어오면 자동으로 조명이나 음악, 에어컨 등이 최적화되는 것이 이런 서비스에 해당한다. 여기서 중심 역할을 할 기기는 앞서 설명한 스피커형 인공지능 비서나 Nest와 같은 에너지 조절 장치가 가장 유력해 보인다. 또한, 문이나 창문을 비롯하여 집안 곳곳에 설치된 센서를 통해 방범이나 에너지 최적화 등의 서비스가 가능해질 것으로 예상한다.

두 번째로 IoT가 큰 역할을 할 부문은 공공서비스이다. CCTV

나 교통 센서와 같은 수많은 공공 디바이스가 네트워크로 연결되고, 수집된 정보가 AI를 통해서 실시간 분석된다면 교통이나 안전과 같은 공공 서비스를 크게 개선할 수 있을 것이다. 예를 들어 특정 지역에서 비정상적인 소음이 들리거나 섬광이 발생하면 자동으로 경찰이나 안전본부에 통보해주고 필요한 정보를 제공하는 것을 생각해 볼 수 있다. 또 다른 예로 특정 도로에서 차량흐름이 갑자기 느려지는 등의 현상이 발생하면 AI가 이를 감지하고 자동으로 근처 CCTV를 연결해서 관리자에게 영상을 보여 줄 수도 있다. 혹은 가장 근접해 있는 자율주행차의 카메라에 연결해서 영상을 볼 수도 있을 것이다. 앞서 설명한 스마트홈의 경우에도 각 가정의 에너지 소비 정보를 취합해서(물론 정보 활용 동의를 받고) 지역별 에너지 수요예측과 에너지 정책수립 등의 공공 목적에도 사용할 수 있을 것이다.

세 번째로 IoT가 중요한 역할을 할 것으로 예상하는 분야는 산업현장이다. 앞에서 설명한 인더스트리 4.0도 결국 다양한 제조설비 간, 그리고 생산되는 제품과 제조설비 간의 빠르고 정확한 데이터 교환이 전제되어야 한다. 정형화된 제품을 연속적으로 생산하는 형태의 제조 분야뿐 아니라 플랜트나 건설현장처럼 정형화되지 않은 제품을 생산하는 경우에도 IoT가 생산 효율을 크게 높일 수 있다. 예를 들어 건설현장에서 중요한 자재에 RFID나

소형 통신모듈을 붙이면 필요한 자재가 제시간에 배달되었는지 확인하거나 필요한 자재가 어디에 있는지 찾는 등의 작업이 훨씬 빠르게 이루어질 수 있을 것이다.

IoT 비즈니스의 핵심은 데이터라 할 수 있다. 4차 산업혁명에서 말하는 혁신의 대부분도 자세히 살펴보면 대량의 정확한 데이터 확보를 전제하고 있다. 예를 들어서 AI가 제대로 작동하려면 기계학습을 위한 정확한 데이터가 공급되어야 한다. 자율주행차도 다양한 도로 상황에 대한 정확한 실시간 데이터가 있어야 사고 없이 잘 작동할 수 있다. 그리고 자율주행차의 궁극적인 비즈니스 모델은 사용자의 다양한 데이터를 활용한 맞춤형 서비스가 될 가능성이 크다. 결국 4차 산업혁명에서는 데이터를 확보하는 자가 궁극적인 승자가 될 것이다. 알리바바의 회장인 마윈은 "앞으로는 데이터가 석유보다 더 중요한 자원이 될 것이다"라고 말했다고 한다.[18] 이것은 과거의 산업혁명 과정에서 석유가 다양한 부가가치를 만들어 냈듯이 4차 산업혁명에서는 데이터가 그 역할을 할 것이라는 의미이다.

따라서 IoT의 비즈니스 전략도 어떻게 데이터를 확보할 것인가로 초점이 맞춰진다. 현재는 구글이나 네이버와 같은 검색엔진과 포털이 데이터를 가장 많이 가지고 있으면서 많은 수익을 내고 있지만, 앞으로는 달라질 수도 있다. 앞으로 데이터 확보라는 측면에서 경쟁자로서 등장할 가능성이 있는 회사로서는 우선 에코, Nest와 같은 IoT 디바이스 공급회사와 '기가지니'나 '누구'를 출시한 통신회사가 유력하다. 둘째로는 자율주행차나 AI와 같이 새롭게 등장하는 기술을 제공하는 회사를 들 수 있다. 앞으로 자율주행차와 같은 새로운 비즈니스 분야가 등장하면 이들도 많은 양의 데이터를 수집할 수 있다는 점에서 IoT에서 중요한 위치에 있을 것으로 예상한다. 셋째로는 인더스트리 4.0으로 대표되는 공장과 같은 산업현장에서 사용되는 IoT 시스템을 제공하는 회사가 있다. 이들 회사의 유형별로 효과적인 비즈니스 전략을 생각해 보기로 한다.

---

18) 한승호, "마윈 '10년 후 세계 최대자원은 석유 아닌 데이터'", 연합뉴스, 2015년 2월 12일

IoT 디바이스 제공회사의 전략

일반 IoT 디바이스 제조회사로는 에코(Echo)라는 스피커형 인공지능 비서를 서비스하는 아마존과 Nest와 같은 스마트홈 기기를 만드는 회사 등 다양한 종류가 있다. 통신회사는 데이터가 지나가는 통로(네트워크)를 가지고 있음에도 지금까지 사용자의 활동에 대한 데이터를 확보하지 못했지만, '기가지니'나 '누구'와 같은 서비스를 통해서 데이터를 수집할 수 있는 길이 열렸다고 앞서 언급하였다.

IoT 디바이스를 통해 수집한 데이터가 가치를 가지려면 더 많은 디바이스가 보급될수록 좋다. 사용자가 늘어나야 규모의 경제에 의해 디바이스의 원가를 떨어뜨릴 수 있기도 하지만, 수집된 데이터는 어느 이상의 양이 되어야 정확한 분석이 가능하기 때문이다. 더 정확한 데이터 분석이 가능하면 더 정확한 타깃팅 및 개인화된 서비스가 가능하다. 예를 들어 한 사용자가 음성인식 인공지능 비서에게 "좋은 음악 좀 틀어줘!"라고 했을 때 그 상황에 맞춰서 사용자가 좋아하는 음악을 잘 골라서 틀어주는 서비스가 있을 수 있고 그렇지 못한 서비스가 있을 수 있다. 사용자들이 이러한 정확도의 차이를 체감하기 시작하면 당연히 더 정확한 맞춤형 서비스를 제공하는 회사(즉, 디바이스를 더 많이 보급한 회사)를 선호할 것이다. 이렇게 사용자가 더 늘어나면 그 서비스는 더 많은 데이터를 확보해서 더 정확한 서비스를 할 수 있게 될 것이다. 즉, 네트워크 효과가 나타나는 것이다. 그러므로 IoT 디바이스 제공회사는 더 많은 디바이스를 보급하는 것을 가장 우선순위에 두어야 한다.

더 많은 디바이스를 보급하기 위해서는 어떤 전략이 필요할까? 디바이스의 가격을 낮추는 것도 어느 정도 효과가 있겠지만, 사용자가 디바이스로 할 수 있는 일을 다양화하는 것이 무엇보다 중요하다. 예를 들어 음악을 듣고 TV를 조작하는 정도의 기능은 호기심에 몇 번 사용하기는 하겠지만, 지속해서 사용하지는 않을 것이다. 그러므로 하나의 디바이스로 TV, 에어컨, 히터, 세탁기 등 가전제품도 조작할 수 있고, 치킨을 포함한 음식 배달, 온라인 쇼핑, 등등 가능한 모든 서비스를 연동시켜 자신의 디바이스가 가정에서의 데이터 수집 플랫폼이 되도록 하는 것이 필요하다. 그런 점에서 이미 온라인 쇼핑과 온라인 콘텐츠를 확보한 아마존의 에코는 매우 유리한 위치에 있다고 볼 수 있다.

음성인식을 포함해서 사용 편의성을 개선하는 것도 중요하다. 현재 기술도 음성인식의 정확도가 상당히 높은 편이지만, 여전히 주변이 시끄럽거나 발음이 조금 이상하면 인식이 안 되는 경우가 있다. 또한, 아직은 고도의 AI가 적용되지 않은 관계로 복잡한 명령은 못 알아듣는 경우가 종종 있다. 음성인식이 제대로 작동하지 않는 경험이 몇 번 반복되면 사용자가 불편함을 느껴 사용하지 않을 것이기 때문에 사용을 더 편하게 하는 기술개발이 필요할 것이다. 결국, 디바이스의 보급을 위해서는 서비스 종류의 확대를 위한 비즈니스 제휴와 사용 편의성 개선을 위한 기술개발 둘 다 필요할 것이다.

자율주행차/인공지능과 같은 새로운 분야의 비즈니스 전략

　　자율주행차나 인공지능이 어떻게 새로운 비즈니스를 만들어 낼 수 있는지는 앞에서 설명하였다. IoT라는 관점에서 보면 자율주행차나 인공지능과 같은 서비스는 기존에는 없던 새로운 데이터 수집 플랫폼을 만들어낸다는 데 의의가 있다.

　　자율주행차는 전혀 새로운 데이터를 수집하는 점에서 가치가 있다. 앞서 얘기한 아마존의 에코와 같은 가정용 IoT 디바이스는 온라인 쇼핑몰이나 검색엔진처럼 이미 존재하는 여러 서비스를 통합하거나 좀 더 확장한 서비스라는 성격이 강하다. 그에 비해 자율주행차는 자동차 운행 및 자동차에서의 사람들의 행동 데이터라는 새로운 성격의 데이터를 수집하게 된다. 이전에 체계적인 데이터를 수집하기 어렵던 분야에서 새롭게 데이터를 수집해서 분석, 활용함으로써 새로운 비즈니스가 만들어질 가능성이 높다.

또 다른 중요한 데이터 수집 플랫폼으로서 인공지능을 들 수 있다. 인공지능은 매우 광범위한 분야에 사용되면서 일종의 메타 데이터 수집 플랫폼이 될 가능성이 있다. 예를 들어 우리가 잘 아는 구글의 인공지능 시스템은 바둑에도 사용되고, 자율주행차에도 사용되고 있을 뿐 아니라 에코와 비슷한 음성인식 비서 디바이스에 탑재될 수도 있고, 다양한 가전제품에 탑재될 수도 있다. 그렇게 되면 서로 다른 성격의 다양한 플랫폼에서 수집되는 데이터를 한꺼번에 모아서 분석하는 일종의 '플랫폼의 플랫폼' 역할을 할 가능성도 있다. 즉, 다양한 플랫폼에서 수집된 정보는 각각 분석되어서 각 플랫폼에 맞는 서비스를 제공하기도 하지만, 필요에 따라 두 개 이상의 플랫폼에서 수집된 정보를 결합해서 중요한 정보를 얻을 수도 있을 것이다. 예를 들어 어떤 사용자가 좋아하는 음악을 서비스할 때, 보통은 과거의 음악 소비 데이터와 날씨나 시간과 같은 상황 정보만으로도 충분히 정확한 서비스를 제공할 수 있을 것이다. 그러나 때에 따라서는 이 사람이 차를 타고 방문한 곳에 대한 정보(어떤 곳이며 그곳에서는 어떤 음악이 틀어졌는지 등)나 최근에 검색하거나 구입한 제품에 대한 정보(예를 들면 특정 가수의 굿즈)를 결합하면 더 정확해질 수 있을 것이다.

아마존이나 구글과 같이 인공지능 플랫폼을 개발하는 회사는 좀 더 다양한 분야에 인공지능이 적용될 수 있도록 인공지능의 적용 범위를 넓혀서 네트워크 효과를 확보하는 것이 가장 중요한 전략임은 앞에서도 얘기한 적이 있다. 그런데 여기에는 한 가지 딜레마가 있다. 음성인식 비서와 같은 하나의 분야만에도 인공지능을 적용해서 사람들이 받아들일 정도의 서비스를 개발하기까지는 많은 자원과 노력이 필요하다. 해당 분야의 특성에 맞게 알고리즘을 다듬고 최적화하는 것이 간단하지 않기 때문이다. 만일 적용 분야를 너무 성급히 늘리려고 하면 각 분야의 서비스 완성도가 떨어져서 사용자들이 받아들이지 않게 될 것이고, 반대로 너무 한 분야에만 집중하면 경쟁자가 먼저 다른 분야에 진출할 것이다. 따라서 적용 분야의 넓이와 깊이의 균형을 적절히 맞추는 것이 필요하다.

산업현장의 IoT 비즈니스 전략

인더스트리 4.0과 같이 산업현장에서 사용되는 IoT는 위에서 언급한 IoT 디바이스나 인공지능과는 좀 다른 성격을 갖는다. 산업현장에서 사용되는 데이터는 일반 가정에서 개인이 사용하는 데이터와는 분리된 별도의 데이터라고 할 수 있다. 즉, 산업현장의 IoT를 위한 플랫폼은 위에서 얘기한 IoT와는 별도의 플랫폼이 될 것이라는 뜻이다. 산업용 IoT를 위한 전략은 일반 IoT와 비슷한 점도 있지만 다른 점도 많다.

첫 번째 차이는 네트워크 효과의 크기이다. 아마존의 에코와 같은 일반 소비자용 IoT는 네트워크 효과가 매우 강력하다고 할 수 있다. 즉, 이런 분야에서는 더 많은 사람으로부터 데이터를 수집할수록 더 정확한 서비스를 받을 수 있으므로 강력한 네트워크 효과(쏠림현상)가 나타날 것으로 예상한다. 그렇지만 산업용 IoT 는 각 회사나 공장의 상황에 따라 수행해야 하는 일이 다르다. A라는 공장에서 센서를 통해서 수집되는 정보와 B라는 공장에서 수집되는 정보는 종류도 다르고 그 정보로 수행해야 하는 최적화 나 스케줄링 등, 일의 종류도 다르다. 즉, 더 많은 공장에서 데이 터가 수집되더라도 그 효용은 일반 소비자 시장보다 작다는 것이 다. 따라서 산업용 IoT의 경우는 빨리 보급해서 더 많은 데이터 를 확보하는 것보다는 각 회사와 공장의 상황에 맞게 정확한 데 이터 수집과 일 처리를 할 수 있는 기술개발이 더 중요하다고 할 수 있다.

두 번째 차이는 데이터로 하는 일의 성격이다. 일반 소비자 용 IoT가 데이터를 분석해서 제공하는 맞춤형 서비스의 정확도 는 높으면 좋지만 반드시 100% 정확할 필요는 없다. 반면 산업현 장의 IoT는 안전 및 생산 효율과 직결되기 때문에 100%나 그에 근접한 정확성이 필요하다. 만일 IoT로 수집한 정보를 분석해서 수립한 생산 스케줄링에 오류가 생긴다면, 아무리 작은 오류라 도 생산 효율과 비용에 큰 영향을 미칠 것이다. 결국 산업 현장의 IoT는 새로운 서비스의 제공도 중요하지만 기존의 서비스를 더 정확히 만드는데 노력을 기울여야 할 것이다.

대체로 IoT를 기술과 디바이스 중심으로 얘기하는 경우가 많다. 그러나 엄밀히 말하자면 IoT는 단일 기술이 아니고 다양한 기술을 결합해서 서비스로 제공하는 것을 말한다. IoT는 일종의 인프라의 성격을 가지며 다양한 분야에 적용될 수 있으므로 IoT 전략은 적용분야에 따라 매우 다를 수 있다. 일반 소비자용 IoT는 현실의 데이터를 다양한 소스로부터 수집·분석해서 맞춤형 서비스를 제공하는 것이 중요하기 때문에 가능한 한 빨리 서비스를 보급해서 네트워크 효과를 누리는 것이 비즈니스 전략의 핵심이다. 이에 비해 인더스트리 4.0과 같은 산업현장의 IoT는 정밀한 분석을 통해 정확도 100%에 가까운 결과를 낼 수 있는 기술개발이 가장 중요한 비즈니스 전략이 될 것이다.

기존 산업의 4차 산업혁명
비즈니스 전략

최근의 4차 산업혁명에 대한 얘기는 자율주행자동차나 로봇과 같은 첨단산업이 중심이 되는 경향이 있다. 주로 이런 분야에서 큰 혁신이 일어나고 기존에 존재하지 않던 새로운 비즈니스가 만들어지기 때문에 첨단 산업을 중심으로 논의를 진행하는 것은 자연스럽다. 그렇지만 4차 산업혁명의 영향은 첨단 산업에만 국한되지 않을 것이고 정도의 차이는 있지만 모든 산업에 영향을 미칠 것이다. 현재 우리나라를 포함해서 대부분 국가에서 제조업, 서비스, 금융과 같은 기존 산업이 경제에서 차지하는 비중이 절대적으로 크기 때문에 4차 산업혁명과 관련된 변화의 속도나 혁신의 정도는 첨단 분야에서 더 클지 모르지만, 전체 국가 경제에 미치는 영향은 기존 산업에서 더 크다고 볼 수도 있다.

이번 장에서는 4차 산업혁명이 기존 산업에 미치는 영향을 다뤄보려고 한다. 4차 산업이 가져오는 변화의 양상은 산업별로 다를 것이기 때문에 4차 산업혁명의 영향과 그에 따른 전략에 대해서는 산업별로 나누어서 생각해 볼 필요가 있다.

데이터
확보 전략

4차 산업혁명에서 데이터가 중요하다는 점은 앞에서 여러 번에 걸쳐서 강조하였다. 데이터의 중요성은 전통적인 산업에서도 마찬가지이다. 산업을 불문하고 4차 산업혁명에 대비하는 공통적인 전략은 데이터 확보가 될 것이다. 데이터 확보 전략은 내부 데이터의 경우와 외부 데이터의 경우로 나누어 볼 수 있다.

내부 데이터

먼저 내부 데이터의 경우 어떻게 해야 하는지 생각해 보자. 이미 많은 기업이 고객정보나 매출정보, 생산정보와 같은 내부 데이터는 자세히 수집하고 있다. 그렇지만 많은 경우 어떻게 활용할지 몰라서, 혹은 처리할 컴퓨팅 자원이 부족해서 버리거나 쌓아 놓기만 하는 경우가 많다. 4차 산업혁명이 진전될수록 IT의 처리속도나 용량은 빠르게 늘어날 것이기 때문에 앞으로 데이터 처리나 저장 비용은 계속 낮아질 것이다. 그때 가서 데이터를 확보하려고 하면 늦기 때문에 지금부터라도 데이터를 모으고 어떤 데이터 분석이 가능할지를 점검해 보는 것이 필요하다.

예를 들어 온라인 쇼핑 데이터를 생각해 보자. 온라인 쇼핑 사이트에서는 각 고객이 활동한 데이터, 예를 들면 언제 와서 어떤 페이지를 보았는지, 어떤 물건을 장바구니에 담았는지 등을 수집하고 있다. 이런 원 데이터(raw data)는 취합된 보고서(예를 들어 기간별 트래픽, 상품별 고객 방문 등)를 작성하고 나면 단기간만 보관하고 저장 공간 부족 등의 이유로 지우는 경우가 많다. 그런데 데이터 분석을 통해서 부가가치를 만들기 위해서는 이런 원 데이터가 필요한 경우가 많다. 앞서 여러 번 설명했던 맞춤형 서비스도 결국은 각 고객에 대한 자세한 데이터가 있어야 세밀한 맞춤형 서비스가 가능하다. 그래서 지금은 사용하지 않는 정보라도 나중을 생각해서 수집하고 저장해 두는 것이 필요하다.

제조업의 경우도 마찬가지이다. 현재 제조설비의 센서에서 나오는 수많은 데이터를 모니터링 목적에 사용하고 나서 저장이나 처리가 어렵다는 이유로 버릴 것이 아니라 일단은 수집·저장하고 나중에 어떤 분석을 할지 생각해 봐야 할 것이다. 더 나아가 지금은 수집하지 않는 정보 중 어떤 정보를 추가로 수집하는 것이 나중에 데이터 분석에 유용할지도 판단해 보아야 할 것이다.

외부 데이터

외부 데이터는 주로 고객에 대한 정보와 시장에 대한 정보라고 할 수 있다. 외부 데이터를 수집하는 목적은 자율주행차, 인공지능, IoT에서 설명하였듯이 데이터를 바탕으로 새로운 비즈니스를 시도하려는 데 있다. 기업이 데이터를 확보하기 위해서 사용하는 전략은 몇 가지로 유형화해 볼 수 있다.

1) Device형: Nest와 같은 스마트홈 디바이스나 아마존의 Echo, 스마트폰 회사들은 자신들의 디바이스를 통해서 데이

터를 수집하는 전략을 구사한다. 물론 디바이스를 판매했다고 그 디바이스를 통해 수집된 데이터 소유권을 가지는 것은 아니지만, 데이터 확보의 유리한 위치를 점하게 된다.

2) Gateway형: 데이터가 지나가는 길목(게이트웨이)을 지키면서 지나가는 데이터를 확보하는 전략이다. 검색엔진이나 포털에서 사용하는 전략으로서 현재까지 매우 성공적인 전략으로 자리 잡았다.

3) Network(통신망)형: 통신회사가 '기가지니'나 '누구'와 같은 음성인식 개인비서 서비스를 제공함으로써 데이터를 확보하는 전략이다. 통신회사가 디바이스를 보급하는 경우라고 할 수도 있다. 성공적으로 실행되면 매우 효과적인 전략이 될 것으로 예상한다.

4) Solution(플랫폼)형: IBM 왓슨, 아마존 알렉사, 구글 알파고와 같은 인공지능 분야에서 사용하고 있는 전략이다. 자율주행차도 여기에 속한다고 할 수 있다. 인공지능 알고리즘을 솔루션 형태로 배포해서 이를 통해 데이터를 수집하는 전략이다. 인공지능이 앞으로 널리 사용될 것이므로 이 분야에서 주도권을 잡는 회사는 매우 유리한 위치를 점하게 될 것이다. 초기에는 솔루션 보급이 급선무이므로 솔루션 제공회사는 수집되는 데이터의 소유를 주장하지 않을 수도

있다. 즉, 솔루션을 제공하는 IBM이나 아마존은 데이터 사용권을 포기하고 솔루션을 사용하는 고객 회사만 각자의 데이터에 접근, 사용할 수 있는 형태로 시작할 것이다. 그러다가 시장에서 자리를 잡으면 솔루션 제공회사가 데이터의 소유권을 가져갈 가능성이 많다. 이를 위해서 데이터를 공유하는 경우 사용료를 할인해 주는 것과 같은 자발적인 방식과 데이터를 공유해야만 솔루션을 사용할 수 있게 하는 강제적인 방식을 병행해서 사용할 가능성이 높다.

이러한 데이터 확보 전략 중 각 회사의 상황에 맞는 전략을 선택해서 실행해야 할 것이다. 데이터 확보와 병행해서 그 분야의 선도기업이 '네트워크 효과'를 만들어 내는 전략을 사용하면 그 효과는 더 커질 것이다.[19]

---

19) 네트워크 효과를 만들어내기 위한 전략은 앞 장의 '인공지능'과 "사물인터넷" 편을 참고하기 바람

제조기업의 전략

4차 산업혁명에서 IT가 제조기술에 적용되어 유연한 제조공정(스마트 팩토리)을 만드는 것을 인더스트리 4.0이라 부른다는 것은 이미 설명하였다. 또한, 제조기업의 공장에 IoT가 어떤 변화를 가져올 것이고 이에 대한 전략은 어떻게 되어야 하는지는 앞에서 다루었기 때문에 여기서는 생산 공장 말고 판매나 마케팅과 같은 시장 측면의 전략에 초점을 맞추기로 한다.

4차 산업혁명에서 IT가 제조업에는 큰 변화를 가져올 수 없을 것이라는 생각을 하는 사람이 많다. 제조업은 제품의 물리적인 디자인과 가공이 중요한 분야이고, IT가 아무리 발전해도 제품의 물리적인 속성을 직접 바꿔주지는 못한다. 예컨데 IT가 자동차 엔진의 출력을 직접 향상해주거나 2차 전지의 에너지 밀도를 직접 높여주지는 못한다. 그렇지만 IT는 물리적인 제품의 '가치'를 높여줄 수는 있다. 고객이 어떤 제품에 대해서 느끼는 가치는 '물리적인 가치'와 '정보의 가치'로 이루어져 있다고 할 수 있다. 예를 들어 자동차라는 제품은 출력이나 내구성 같은 물리적인 속성에 따른 가치가 기본적으로 중요하지만, 여기에 할부 서비스와 같은 정보의 가치가 더해져서 최종적인 가치를 이루게 된다.

예를 들어 우리가 잘 알고 있는 리스 형태의 자동차 판매는 자동차를 사는데 목돈을 지급하지 않고 매달 사용료를 내고 싶어 하는 소비자의 니즈를 충족시킴으로써 새로운 가치를 제공한다. 리스하든, 구매하든, 자동차의 물리적인 속성은 동일하지만 소비자가 느끼는 가치는 다르다. 그 가치의 차이가 '서비스(정보)의 가치'라고 할 수 있다. 리스라는 새로운 판매모델이 가능해진 이유 중 하나는 다양한 정보를 처리해서 각 고객의 신용도를 정확히 판단할 수 있게 된 것과 차종별, 주행거리별 잔존가치를 정확히 예측할 수 있게 된 점이 크다. 즉, 자동차 리스라는 판매모델에서는 정보를 바탕으로 한 분석을 통해서 새로운 가치를 제공하게 된 것이다.

> **고객이 느끼는 제품의 가치 =**
> **물리적인 가치 + 서비스(정보)의 가치**

4차 산업혁명에서 이런 정보의 가치를 잘 실현한 기업으로 많은 사람이 GE를 꼽고 있다. GE는 제트엔진이라는 물리적인 제품에 정보를 더해서 새로운 가치를 만들고 있다. GE는 제트엔진에 부착된 수많은 센서의 데이터를 실시간으로 받을 수 있게 함으로써 엔진이 고장 나려 하는 징후를 미리 감지해서 예방정비를 하는 등의 개선을 하였다. 여기에 더해서 GE의 제트엔진을 구매하는 항공사에 '엔진 가격의 일부만 먼저 지급하고 특정 시간(예를 들면 5천 시간)동안 고장이 나지 않으면 나머지를 지급한다.'는 것과 같은 새로운 판매모델을 개발하였다. 항공사 입장에서는 정해진 시간 동안 고장이 나면 나머지 돈을 내지 않아도 돼서 좋고, 고장이 나지 않으면 그만큼 운행을 많이 할 수 있으니 좋다는 이점이 있다. 이 경우에도 제트엔진의 출력이나 연료효율과 같은 물리적인 가치는 바뀐 것이 없지만, 서비스의 가치가 증가하면서 고객이 느끼는 전체 가치는 크게 높아졌다. GE가 이러한 혁신을 할 수 있게 된 이유는 다량의 데이터를 실시간으로 수집하고, 이를 정확히 분석해서 고장의 예측과 그에 따른 손익분석을 할 수 있는 능력을 갖췄기 때문이다.

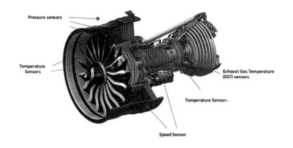

GE의 제트엔진과 센서 (출처 : Big Data Techcon 2014)

다른 제조 회사의 경우도 IT가 발전하고 IT와 제조기술, 제품 기술이 결합하면서 생산라인과 제품에서 실시간(혹은 실시간에 가깝게)으로 데이터를 수집할 수 있게 될 가능성이 크다. 따라서 기업에서는 현재 수집되는 데이터가 아니라, 앞으로 수집될 데이터를 가정하고 이를 활용해서 고객에게 새로운 '정보가치'를 어떻게 제공할 수 있을까 고민해 보아야 할 것이다.

스마트폰이나 전기자동차용 2차 전지를 생산하는 회사를 예로 들어 보자. 앞으로 전지에 들어가는 센서가 늘어나고 이를 통해 다양한 데이터를 실시간으로 수집할 수 있게 된 상황을 가정해보면, 어떤 추가적인 '정보의 가치'를 제공할 수 있을지에 대한 아이디어를 얻을 수 있을 것이다. 예를 들어 고객별로 전기 사용패턴에 대한 분석을 통해 맞춤형 컨설팅을 해 줄 수 있을 것이다. 자동차의 경우 차종별, 운행 지역별, 운전습관별 전기 사용 패턴을 분석해서 전지의 개선은 물론이고, 충전시설의 최적 설치 지점 분석이나 자동차 개발에 적용할 수 있을 것이다. 전지의 '물리적인 가치'는 동일하지만 정보를 활용한 '서비스의 가치'를 높일 수 있는 것이다.

소프트웨어
산업의 전략

소프트웨어 산업, 예를 들어 삼성SDS, LG CNS, SK C&C와 같은 SI(System integration) 회사는 4차 산업혁명, 특히 인공지능(AI)의 영향을 직접 받을 것으로 생각한다. AI는 음성인식 비서나 가전제품과 같이 기업이 소비자에게 판매하는 제품에 적용할 수도 있고 재고관리, 물류관리와 같이 내부 프로세스에 적용할 수도 있다.

가전제품과 같은 일반 소비재의 경우, 내부 역량이 갖춰진 큰 가전 회사에서는 자체적으로 AI를 개발해서 자사의 제품에 적용할 것이고, 그런 역량이 없는 회사는 SI 업체 등과 일을 같이 할 가능성이 크다. 앞서 AI 편에서 언급했듯이 소비재용 AI는 네트워크 효과가 상당히 강하게 작용할 것으로 예상하기 때문에 고객이 아마존 Alexa, IBM Watson과 같은 글로벌 표준 AI를 요구하는 경우도 많을 것이다. 이런 경우에는 SI 업체 중 누가 글로벌 표준 AI를 잘 이해하고 잘 적용할 수 있는가가 SI 업체의 경쟁에서 중요할 것이다. 한 가지 유념할 것은, 글로벌 표준 AI을 적용하는 것이 주 업무라 해도 자체적인 AI 개발 경험과 능력이 중요하다는 점이다. AI는 ERP처럼 명확하게 정해진 업무를 지원하는 시스템이 아니고 같은 업무라도 수많은 처리 방법이 있는, 자유도가 매우 높은 시스템이다. 그러므로 글로벌 AI를 고객사의 제품에 잘 적용할 수 있으려면 AI에 대한 근본적인 기술과 경험을 많이 축적해서 고객의 상황에 맞게 최적화할 수 있는 능력을 키워야 할 것이다.

다음으로 내부 프로세스에 AI가 적용되는 경우를 생각해 보자. 현재 사람이 하는 재고관리나 물류관리 등의 업무를 AI가 대체하게 되면 정확성과 세밀함이 향상되어 효율적인 개선이 가능하므로 많은 수요가 있을 것이다. 다양한 산업에서 선도기업이 재고

관리나 제품기획 등의 프로세스에 AI를 적용해서 성공하는 사례가 생기기 시작하면 나머지 회사들도 AI를 도입하려 할 것이다. 이때, 이들 회사 중 대부분은 AI를 자사의 업무 프로세스에 적용할 역량이 부족한 경우가 많으므로 SI 업체에 의뢰하게 될 것이다. 이로 인해 어쩌면 ERP 이후에 다시 한 번 소프트웨어 산업이 크게 성장하는 계기가 될 수도 있다. 이런 상황에서 개별 SI업체는 경쟁에서 이기기 위해서 AI 역량을 키우는 것이 중요하다. 내부 업무에 적용되는 AI는 소비재에 적용되는 AI와는 성격이 다르다. 내부적으로 사용되는 AI는 한 회사의 데이터를 주로 다루기 때문에 소비재용 AI보다 데이터의 크기가 작은 것이 보통이다. 또한, 네트워크 효과가 약하기 때문에 적용되는 AI가 글로벌 표준인가보다는 얼마나 해당 회사의 프로세스에 최적화가 잘 되어 있고, 상황에 맞춰 얼마나 민첩하게 변경되는가 등이 중요할 것이다. 따라서 내부 프로세스나 스마트팩토리에는 자체 개발한 AI도 충분히 사용할 수 있으므로 어떤 SI회사가 자체 AI 개발 역량을 가지고 있는가가 상대적으로 더 중요할 것이다.

이상에서 알 수 있듯이 AI가 내부에 적용되느냐, 아니면 외부용 소비재에 적용되느냐에 따라서 경쟁우위가 조금 다르기는 하지만, 기본적으로는 AI에 대한 이해와 기술이 다양한 소프트웨어 회사가 유리함을 알 수 있다. 경쟁력을 확보하기 위해서 앞으로 소프트웨어 회사는 AI에 대한 기술개발과 투자가 필수적인 전략이라고 할 수 있다.

서비스/금융 산업의 전략

　　서비스 산업에는 다양한 업종이 존재한다. 호텔과 같이 물리성이 강한 업종도 있지만, 금융과 같이 가상성이 강한 업종도 있다. 같은 서비스 기업이라도 업종의 특성에 따라 다양한 전략이 필요할 것이다.

정도의 차이는 있지만, 고객이 느끼는 가치가 물리적인 가치와 정보의 가치로 구성된 것은 서비스 산업도 마찬가지라고 할 수 있다. 예를 들어 호텔의 경우에 시설의 규모나 고급스러움, 위치와 같은 물리적인 특성도 고객이 느끼는 가치에 영향을 미치지만, 얼마나 빨리 체크인이 되는지 혹은 내가 원하는 서비스를 얼마나 미리 알아서 제공해 주는가와 같은 정보의 가치도 고객이 느끼는 최종 가치에 영향을 미친다. 앞서 설명했듯이 물리성이 강한 기술보다는 가상성이 강한 IT의 발전이 빠를 것이기 때문에 기본적으로는 물리적인 가치를 변화하거나 향상하는 것보다는 정보의 가치를 향상하는 것이 상대적으로 속도도 더 빠르고 비용이 적게 들 것으로 생각한다. 즉, 서비스 산업에서도 IT가 더 강력하고 광범위하게 결합할 것임을 예상해 볼 수 있다. 이런 상황에서 IT를 경쟁자보다 빨리 잘 활용해서 정보의 가치를 높이는 기업이 경쟁우위를 가지게 될 것은 명확하다.

IT가 서비스 산업에 더 강력하게 결합하면서 네트워크 효과가 강해질 것 또한 예상한다. 금융서비스를 예로 들어보자. 금융 산업에서 자금에 대한 기록과 거래 정보는 완벽하게 데이터화(가상화) 될 수 있는 부분이다. 이에 비해 지점에 찾아온 고객에 대한 대면 서비스나 ATM에서 현금을 찾는 것과 같은 것은 가상화 되기 어려운 물리적인 서비스이다. 금융 산업의 가장 중요한 부분인 자금 처리는 완벽하게 가상화될 수 있으므로 이미 IT는 금융 산업에서 절대적인 역할을 하고 있다.

4차 산업혁명에 따른 금융 산업의 전략적 과제는 크게 두 가지로 요약해 볼 수 있다. 첫째는 IT 발전에 따른 글로벌화에 대한 것이고, 둘째는 IT를 활용해서 등장하는 새로운 금융서비스와 어떻게 경쟁할 것인가 하는 것이다. 현재 금융서비스는 다른 산업에 비해 글로벌화가 많이 진척되어 있지 않다. 국가마다 자국의 경제시스템이 외국자본에 휘둘리는 것을 막기 위해 다양한 규제를 시행하고 있는 것이 가장 큰 이유이다. 하지만 소비자는 국경 없이 거래할 수 있는 것을 선호한다. 예를 들어, 온라인 쇼핑에서 국내 사이트뿐 아니라 아마존이나 타오바오와 같은 외국 사이트에서도 쉽게 결제하고 물건을 구입하고 싶어 한다. IT의 발전에 따라 불법행위를 실시간으로 감시할 수 있게 되면 위에서 얘기한 글로벌화의 문제점을 방지할 수 있을 것이므로 이런 규제가 완화될 가능성이 크다.

그렇게 되면 앞으로 전 세계를 대상으로 하는 글로벌 금융회사가 등장할 가능성이 있다. 예를 들어, 해외 송금이 지금처럼 2~3일이 걸리는 것이 아니라 수수료 없이 즉시 할 수 있게 될 것으로 예상된다. 이러한 글로벌 금융회사는 단일 회사가 전 세계에서 비즈니스를 하는 형태보다는 각국의 현지 금융회사가 제휴해서 서비스를 제공할 가능성이 높다고 생각한다. 항공사가 글로벌 제휴 네트워크를 통해서 고객에게 코드쉐어링과 같은 더 좋은 서비스를 제공하는 것을 생각하면 이해가 쉬울 것이다. 지금도 글로벌 제휴 네트워크가 존재하기는 하지만 앞으로 제휴의 정도가 더 강해질 것이 예상되므로 금융회사는 이에 대해 준비를 해야 할 것이다. 대응이 늦으면 다른 서비스가 현재 금융회사를 대체할 수도 있다. 국제 송금을 수수료 없이 즉시 할 수 있는 비트코인이 등장한 것이 좋은 예이다.

둘째는 새로운 서비스 등장에 대한 대처이다. 현재의 금융 산업은 '연결 가치'가 약하기 때문에 네트워크 효과가 크지 않다. 고객은 거래하는 은행에 고객이 많으면 거래할 수 있는 대상이 많아지므로 가치가 커져야 한다. 그렇지만 현재 은행의 고객은 은행을 통해서 다른 사람과 거래를 하는 경우(예를 들어 계좌이체)가 많지 않기 때문에 연결의 가치가 약하다고 볼 수 있다. 즉, 은행 고객은 예금이나 대출과 같은 은행과 자신의 1:1 거래가 주목적이지 다른 고객과의 거래는 크게 중요하지 않다는 것이다. 그런데 최근에 온라인 페이먼트(핀테크)가 활성화되면서 상황이 바뀌고 있다. 과거에 개인 간 거래의 주요 수단은 현금이었다. 그런데 페이팔이나 비트코인과 같은 개인 거래 수단이 온라인에서 일반화되기 시작했다. 이런 온라인 개인 간 거래에서는 얼마나 많은 사람과 거래할 수 있는가가 중요해진다. 당연히 사람들은 더 많은 사람이 가입한 온라인 페이먼트 수단을 선호한다. 이런 온라인 페이먼트가 일반화되면 금융기관의 역할을 상당 부분 대체할 것으로 예상한다.

금융의 다른 분야에서도 비슷한 변화를 예상해 볼 수 있다. 예를 들어, IT의 발전에 따라 개인 간 대출(peer lending)이나 크라우드 펀딩(crowd funding) 형태의 자금조달 방식이 등장하였다. 전통적인 금융 산업에서는 대출에서 신용도 평가나 이자율의 결정이 은행이라는 소수의 기관이 독점하고 있지만, 이와 같은 새로운 방식에서는 모든 참여자가 그 권한을 갖게 된다. 따라서 참여자가 많을수록 자금 공급자에게는 더 높은 수익을, 자금 수요자에게는 더 공정한 이자율 평가가 이루어지기 때문에 가치가 올라간다고 할 수 있다

이처럼 금융 분야에서도 네트워크 효과가 작동하며 기존의 금융시스템을 일부 대체해 가고 있다. IT가 금융과 결합하면서 기존의 금융 산업이 하지 못한 새로운 서비스를 만들어 내는 것이다. 금융 산업의 다른 분야, 예를 들어서 자산관리나 보험 등에도 비슷한 변화를 예상해 볼 수 있다. 따라서 이에 빨리 대처하는 금융회사가 전략적 우위를 가지게 될 것이다.

의료
산업의 전략

의료산업에서 4차 산업혁명의 영향은 AI 진단 시
스템과 3D프린터를 사용한 바이오 프린팅(Bio printing), 두 분야
에서 가장 클 것으로 예상한다. 바이오 프린팅에 대해서는 3D프
린터 편에서 설명했으므로 여기서는 AI 의사에 관해서 얘기하기
로 한다. AI 의사가 화제가 되면서 많은 사람이 미래에는 AI가 의

사를 대체할 것이라고 얘기한다. 과연 그럴지 한 번 생각해 볼 필요가 있다. 의사의 역할에는 진단 정보를 바탕으로 환자의 질병을 정확히 진단하는 것도 있지만, 환자가 병을 이겨내도록 힘을 주는 역할도 있다. AI는 정보 처리에 강점이 있으므로 질병 진단에서는 강점이 있지만, 환자의 아픔을 공감하고 용기를 주는 일은 하기 어렵다. 또한, 진단에 따른 법적 책임 문제도 있기 때문에 한동안은 인간 의사가 AI를 도구로 사용하면서 환자를 진료하는 것이 일반적인 형태가 될 것이다.

그렇지만 AI가 어떤 형태로 사용되더라도 환자는 당연히 AI가 도입된 병원을 선호할 것이고, 다양한 AI 진단 시스템이 존재한다면 그중에서도 진단이 정확한 AI가 있는 병원을 선호할 것이다. 그렇다면 AI의 진단을 정확히 해 주는 요인은 무엇인가? 알고리즘이 당연히 중요하지만, 알고리즘의 격차는 시간이 지나면서 줄어들 가능성이 높으므로 진단의 정확성은 어떤 AI가 더 많은 데이터를 가지고 있는가가 관건이 될 것이다. 기계학습 방식을 사용하는 딥러닝과 같은 AI에게는 데이터가 학습교재이기 때문에 좋은 데이터를 많이 가지고 있는 AI가 더 잘 학습할 수 있고 더 정확한 결과를 낼 수 있기 때문이다.

AI 진단 시스템 중에서도 더 많은 병원에서 사용되면서 더 많은 환자의 데이터를 모을 수 있는 IBM Watson과 같은 글로벌

AI의 진단이 일반적으로 더 정확할 것이다. 그렇다면 병원에서는 글로벌 AI를 도입해야 할까? 각국 환자의 체질과 질병의 양상은 조금씩 다르다. 좀 더 정확히 말하면 각 환자의 DNA 구성에 따라 질병의 발생이나 처방의 효과가 다르다. 미국 환자의 데이터로 학습을 한 AI를 한국 환자에게 적용하면 일반적인 진단과 처방은 잘하겠지만, 한국 환자의 특성이 크게 나타나는 질병에서는 정확하지 않을 수 있다. 따라서 한국 의료기관으로서는 한국 환자의 데이터가 한국에서 의료 경쟁력을 만들어 주는 가장 중요한 자산이라고도 할 수 있다. 이 자산을 잘 활용하려면 자체 AI를 개발하거나 글로벌 AI를 사용하는 경우라도 이 데이터에 대한 소유권이나 사용권을 보장받는 것이 중요할 것이다.

4차 산업혁명에 대한
자신만의 시각이 필요하다

4차 산업혁명은 모든 산업, 모든 사람에게 영향을 미칠 것이기 때문에 모든 기업은 4차 산업혁명의 영향을 예상하고 대비할 필요가 있다. 4차 산업혁명에 대비한 전략을 짜는 데에는 4차 산업혁명이 산업 전체에 미치는 장기적인 영향을 정확하게 예상하는 것이 매우 중요하다. 우선 중요한 것은 장기적인 관점에서의 냉철한 분석과 판단이다. 요즘에는 4차 산업혁명 관련 기술의 발전에 따라서 수많은 새로운 제품과 서비스가 하루가 다르게 등장하고 있다. 이럴 때 새로운 기술과 제품이 시장에서 어떻게 성공 혹은 실패할지, 앞으로 우리 산업의 기술발전은 어느 쪽으로 이루어질지 등에 대해서 자신만의 명확한 기준이 없으면 혼란만 더 커질 것이다. 이 책에서 다룬 가상성/물리성, 네트워크 효과 등도 이런 기준을 세우는 데 도움을 주겠지만, 자신만의 시각을 가지려고 노력할 필요가 있다고 생각한다.

여기서 또 한 가지 중요한 것은 기술에 대한 지나친 장밋빛 기대나 지나치게 평가절하하는 것은 피해야 한다는 것이다. 혁신적인 기술이 등장하면 많은 사람과 언론이 당장 그 기술이 시장에 보급되어서 세상을 바꿀 것처럼 얘기한다. 그러나 그렇게 되기까지는 많은 변수가 있다. 그 기술의 성격(가상성/물리성)이 그중 하나고, 그 기술을 시장에서 얼마나 필요로 할 것인가, 경쟁기술보다 우월한가 등의 요인이 복합적으로 영향을 미친다. 특히 기술 쪽 배경을 가진 사람들은 제품의 기술적 우월성을 과도하게 중요시하는 경향이 있다. 어떤 제품이 기술적으로 우월하면 당연히 시장에서 인정을 받고 널리 퍼질 것이라는 생각이다. 기술적으로 우월한 제품이 성공 가능성이 높은 것은 당연하지만, 시장에서는 기술적 우월성과 제품의 성공이 꼭 비례하지는 않는다. 반대로, 초기 시장에서 보급이 예상보다 늦으면 그 제품의 영향력에 대해 과소평가하기 쉽다. PC처럼 보급에 시간이 걸릴 수는 있지만, 일단 시장에 보급되면 전체 산업이 뒤집어지는 제품들이 상당히 있다. 그래서 어떤 기술이나 제품을 평가할 때에는 항상 '만일 이 제품이 시장에 대부분 보급되면 시장이 크게 바뀔 가능성이 있는가?'라는 질문을 할 필요가 있다. 그렇다고 판단되면 그 기술이나 제품에 대한 대비를 미리 할 필요가 있다.

참고서적

서적

김기찬, 송창석, 임일, 《플랫폼의 눈으로 세상을 보라》, 성안당, 2015

임일, 《4차사업혁명 인사이트》, 더메이커, 2016

기타

Iansiti, M. and Lakhani, K. R., "Digital ubiquity: How connections, sensors, and data are revolutionizing business," Harvard Business Review, November 2014

이다비, 안재민, "아마존, 드론 배송 이어 하늘에 띄우는 '비행 물류 창고'까지?" 조선일보, 2016년 12월 30일

이재구, "구글, 택배기사 일자리마저…무인배송 트럭 특허," 전자신문, 2016년 2월 10일

전승현, "2020년 지능형 전력계량기 전면 사용, 검침원 사라진다." 연합뉴스, 2016년 12월 7일

조동주, "'드론택시' 두바이 상공에 날아다닌다", 동아일보, 2017년 2월 15일

최진석, "한국골프시장규모 11조4000억원, 스크린골프시장 1조4000억원 비중 10% 달해", 한국경제신문, 2017년 4월 18일

한승호, "마윈 '10년 후 세계 최대자원은 석유 아닌 데이터'", 연합뉴스, 2015년 2월 12일

경영자가 알아야 할
4차 산업혁명 기업 전략